«Este libro cuenta la historia de una verdadera emprendedora, y explora con sencillez los aspectos difíciles y divertidos de fundar una empresa. Escrita con un gran sentido del humor, esta historia es una lectura fantástica acerca de lo más importante para los emprendedores jóvenes: hacer que las cosas sucedan».

Marc Samwer, cofundador de Rocket Internet
y primer coinversor de Zalando

«Una experiencia detallada y de primera mano que cualquier emprendedor novel que quiera producir, distribuir y vender productos físicos debería leer. Para decirlo en forma simple, esta es una gran fuente de conocimiento para principiantes».

Urška Sršen, fundadora de Bellabeat

«Crear un producto de consumo exitoso es notablemente difícil. Entonces, ¿cómo fue que Sophie Trelles-Tvede creó a los 18 años invisibobble, un producto tan universal que hasta las mujeres que holgazanean en *Love Island* lo están utilizando? En *100 millones de Hair Ties y un Vodka Tonic*, ella te lleva detrás de escena para explicar cómo fue del concepto al prototipo y del prototipo a un furor mundial. Con una considerable dosis de humor, Sophie comparte los conocimientos únicos que ha adquirido después de dar pasos en falso con la fabricación y sobrevivir a negociaciones con distribuidores y batallas legales. Quien aspire a convertirse en emprendedor debería leer esto para obtener la información exclusiva de lo que implica construir una compañía innovadora».

Alexandra Wilson, editora de

Colección Acción Empresarial de LID Editorial
www.LIDeditorial.com

A member of:
BPR
businesspublishersroundtable.com

Traducido de la edición en inglés: 100 Million Hair Ties and a Vodka Tonic.
Autora: Sophie Trelles-Tvede. Publicada por LID Publishing Limited.
ISBN: 978-1-912555-64-2.

EAN-ISBN13: 978-84-18578-45-8

Directora editorial: Laura Madrigal
Coordinación de la traducción: Lía Sottanis
Dirección editorial de la traducción: María Laura Caruso
Traducción: Máximo Pereyra Iraola
Edición: MLC Servicios Editoriales
Corrección: Marisol Rey
Maquetación: Cecilia Ricci
Diseño de cubierta e interior: Matthew Renaudin & Caroline Li
Impresión: Cofás, S.A.
Depósito legal: CO-955-2021

Impreso en España / *Printed in Spain*

Primera edición: octubre de 2021

Te escuchamos. Escríbenos con tus sugerencias, dudas, errores que veas o lo que tú quieras. Te contestaremos, seguro: info@lidbusinessmedia.com

SOPHIE TRELLES-TVEDE

100 millones de Hair Ties y un Vodka Tonic

LA CURIOSA HISTORIA
DE UNA EMPRENDEDORA

LID

MADRID | MEXICO CITY | LONDON
NEW YORK | BUENOS AIRES
BOGOTA | SHANGHAI | NEW DELHI

A mis padres, por enseñarme la importancia y el valor de la narración. Y a todo el equipo de New Flag e invisibobble, por el viaje más extravagante e inesperado que haya existido. Gracias.

Gracias también, Lucy Handley, por toda tu ayuda con el proceso de escritura.

Nota:
Esta es una historia real. En favor de la simpleza, algunos personajes resultan de la combinación de varias personas. En favor de la privacidad, los nombres de algunas personas han sido cambiados.

Índice

Prefacio

Estoy en el aeropuerto de Múnich haciendo cola mientras sostengo una carga muy preciada. Llevo esperando unos 20 minutos. Avanzo lentamente a medida que los otros pasajeros van cruzando el control de seguridad. Siento cómo una mezcla de nervios y emoción me atraviesa el cuerpo.

Hoy vuelo a Chicago. Tengo una reunión con un potencial cliente. Confío mucho en nuestros productos y presentación, pero este distribuidor está acostumbrado a colaborar con marcas muy establecidas, por lo que no va a ser una venta fácil.

A estas alturas soy una experta en hacer mi equipaje de mano para cualquier tipo de viaje; después de Chicago volaré a Ámsterdam y más tarde, a China, a supervisar la planta de producción y las próximas innovaciones y colecciones. A pesar de eso, la mayoría de mi maleta está ocupada por muestras de productos.

Finalmente, llega mi turno y coloco mi maleta en una gran bandeja plástica. Al cruzar el detector de metales, espero la llegada de mi maleta al otro lado de la cinta de rayos X, pero no llega. Parece que es algo sospechosa y debe ser revisada. Suspiro y espero al agente a cargo.

—¿De quién es esto? —pregunta un hombre uniformado, calvo y de mediana edad.

—Mío —contesto, mientras me inunda la idea irracional de que puedo haber empaquetado algún tipo de arma por error.

—¿Qué tiene aquí adentro? Se ve muy extraño en la máquina de rayos X —dice, mientras abre el cierre de mi maleta—. Pareciera llevar un montón de cositas serpenteantes apiladas una encima de la otra —me explica.

Cositas serpenteantes. Esa es una forma de decirlo.

—Eh, son *hair ties*[1] —digo mientras él abre la maleta.

—¡Ah, sí! Me parecían familiares —dice, sonriendo—. ¡Esas gomas con forma de espiral que no dejan marcas en el cabello ni provocan dolores de cabeza! ¿Las que vienen tres en un cubo de plástico?

Me quedo mirándolo, francamente asombrada. Este tipo de seguridad, viejo y calvo, ¿sabe sobre mis gomas elásticas?

Mi nombre es Sophie Trelles-Tvede. En 2011, cuando era una estudiante de 18 años cursando el primer año de Administración en la Universidad de Warwick, inventé una goma elástica con forma de espiral a la que llamé *invisibobble*.

Entre mi cofundador, Felix, y yo invertimos en el negocio USD 4.000 (alrededor de 3.000 libras esterlinas), que es el equivalente a unos 1.350 vodka tonics de un bar estudiantil.

Por entonces no soñábamos ni de casualidad con que nuestra pequeña idea, nuestro minúsculo producto, podría convertirse en una marca global comercializada en peluquerías, farmacias de Norteamérica y Europa, lujosas tiendas departamentales, gigantescas empresas norteamericanas de mercado minorista, cadenas de moda, tiendas generales y de belleza, aeropuertos, cruceros y ¡hasta en las capas heladas de Groenlandia! (donde el transporte está a cargo de trineos tirados por perros). Jamás jamás imaginé que cambiaríamos para siempre la forma en que las *hair ties* se hacen, se promocionan y se venden.

Pero, de algún modo, lo hicimos. Desde que iniciamos, vendimos más de 100 millones de *hair ties* alrededor del mundo, en 85.000 puntos de venta repartidos en más de 70 países. Hoy facturamos decenas de millones de dólares al año, pero, sobre todo, cambiamos la categoría de accesorios para el cabello y el escenario de venta minorista para productos capilares.

Esta es la historia de *invisibobble*.

1. Cintas para el cabello. *(N. del T.)*

1.
Construyendo bicicletas para peces

LO QUE APRENDÍ:

- **A veces debes obligarte a hacer amigos.**
- **El aburrimiento es el padre de la invención.**
- **Sujetar el cabello con un cable de teléfono no te da dolores de cabeza.**

Bum. Bum. Bum. Plaf. Plaf. Plaf.

Aún antes de ver lo que pasaba, escuchaba a los hombres arrojando camas. Gritaban, maldecían y tiraban de las estructuras de metal de a una, cuatro o cinco a la vez, antes de arrojarlas, sin ceremonia, desde el camión al suelo. Parecían las camas de una prisión, y yo me acostaría sobre una de ellas. Y lo haría cada noche como estudiante de primer año de Administración en la Universidad de Warwick, en el Reino Unido.

Mi mamá y yo presenciamos el espectáculo de las camas de pie, junto al edificio que sería mi residencia. Se trataba de un bloque feo y bajo de la década de 1970. Estaba, al menos, a 20 minutos a pie del campus universitario (y que era algo así como mi cuarta opción). La Universidad de Warwick se sentía tan lejos de Zúrich, Suiza —desde donde volamos— como se podía llegar a estar.

Nací en Dinamarca en 1993. Nos mudamos a Suiza cuando todavía era bebé porque mis papás creyeron que sería un buen lugar para iniciar un negocio. Tuve la suerte de crecer en una casa de color salmón en un pueblo junto a un lago. Allí vivían menos de 2.000 personas. Crecí rodeada de colinas verdes, ganado y el aroma confortable del cálido estiércol vacuno. Era el tipo de lugar donde los trenes siempre pasan a tiempo, la limpieza es casi perfecta y las personas parecen brillar con el aire alpino.

A medida que caminábamos por los largos pasillos de la residencia, me sentía más y más melancólica. Los estudiantes internacionales teníamos permitido llegar una semana antes para acostumbrarnos a las particularidades de la vida estudiantil. Había muy poca gente alrededor. Mi dormitorio se encontraba al final de un largo corredor de puertas cerradas. Además de una de aquellas camas maltratadas, había un lavabo, un armario, una silla y un largo escritorio de madera clavado a la pared. Me pregunté qué me esperaría.

Mamá me dijo adiós entre lágrimas y comprendí que para hacer contacto con otro ser humano iba a tener que visitar el campus principal y almorzar la comida gratuita de la universidad. Sin embargo, había un problema. Sufro de un síndrome conocido popularmente como "cara de perra"[2]. Lo heredé de mis papás. La gente no solía sentirse cómoda conmigo naturalmente. Si a esto le sumo que soy bastante tímida y no muy buena para las conversaciones triviales (algo en lo que tuve que volverme experta), iba a tener que hacer un gran esfuerzo para cultivar nuevas amistades.

Me miré en el espejo, practiqué mi sonrisa y respiré hondo. Abrí la puerta e, inmediatamente, vi a otra chica en el pasillo. Era francesa, se llamaba Marie. Caminamos juntas al campus. ¡Gracias a Dios por Marie!

La mayor parte de los primeros meses me la pasé yendo a fiestas, durmiendo, concentrándome en no morir por mis resacas inducidas por el vodka tonic y aprendiendo a lidiar con la suciedad de un piso de estudiantes.

Alrededor de 18 de nosotros compartíamos una cocina. Un día alguien cocinó un pollo en una cacerola inmensa y lo abandonó sobre la cocina. Nadie reclamó la propiedad del ave hervida. Después de unas tres semanas, la llevamos hasta un rincón de la sala. Con el tiempo, por la tapa de la cacerola,

2. En inglés, *resting bitch face.* (N. del T.)

comenzó a salir una pelusa blanca, que gradualmente fue trepando por la pared. Resultado: pasaba el menor tiempo posible en la cocina.

Era un asco, pero no lo más asqueroso. Sin duda, los baños eran peores que la cocina, especialmente los miércoles por la mañana. La noche del martes era la más intensa en el club del campus. Después de varias horas de copas, besuqueos y tal vez un curry a las 2 de la mañana, nuestros sistemas digestivos estaban en problemas y resultaban en la destrucción de los inodoros.

Por esos días decidí que era buena idea comprar una bicicleta para recorrer la distancia que separaba la residencia de la universidad. Lo que no calculé fue que tener ruedas significaba esperar hasta el último segundo antes de dejar mi habitación y luego matarme pedaleando para llegar a tiempo a las clases. Llegaba tarde más de lo que me hubiese gustado, sin aliento y muy sudada. Después de unas pocas semanas, prácticamente dejé de ir a las clases.

Hacia diciembre comencé a experimentar horribles sentimientos de culpa. Había una especie de luz roja de alarma en mi cabeza que fue creciendo. Lo cierto es que había hecho muy poco durante las últimas diez semanas. A medida que se acercaban las vacaciones de invierno, no podía evitar sentirme avergonzada e insatisfecha.

Este curso de Administración en Warwick había sido mi sueño, pero ¿la verdad? ¡Estaba aburridísima!

Pensé acerca de lo que podría hacer con mi tiempo en forma productiva. "¿Unirme al equipo de básquetbol? Nah, tengo un hombro en mal estado y una rodilla poco confiable". "¡Ya sé! Voluntaria en una caridad. ¿Pero mantendría mi compromiso?". "¿Qué hay del esquí?". Me anoté al equipo de la universidad, pero renuncié en forma inmediata cuando descubrí que esquiaban en AstroTurf[3].

Necesito estar muy muy interesada en una actividad para poder destacarme en ella; de lo contrario, olvídenlo. Desesperada por encontrar algo para ocupar mi mente, me encerré en mi dormitorio durante una semana completa de diciembre. Me senté en el escritorio clavado a la pared, pensando en cosas que podría hacer y vender; un proyecto paralelo que, idealmente, me permitiera dejar de sentir aburrimiento y culpa.

3. *AstroTurf* es una marca de césped artificial utilizada en superficies para la práctica de distintos deportes.

Una tarde comencé a pensar en cómo las *hair ties* me provocaban dolores de cabeza. Creaban una especie de tensión en mi cuero cabelludo debido a que mi pelo tiraba de él. Eso hacía que doliera por todas partes, lo cual era, realmente, muy desagradable. ¿Habría alguna forma de resolver creativamente ese problema?

Esa noche había una fiesta en el campus y la temática era "mal gusto". Debía vestirme con el look más feo posible, beber muchísimo y esperar que mi vestimenta fuera tema de conversación (y, además, tuviera un impacto positivo en mi cara de perra). Mientras salía, vi el cable enrollado del teléfono de línea de mi habitación, lo desconecté y me sujeté el cabello con él. Lo envolví alrededor de mi coleta un par de veces para que las espirales sobresalieran. ¡Se veía perfectamente feo!

La mañana siguiente desperté con el cable todavía en mi cabeza. Y fuera de sentirme algo confundida por el par de vodka tonics de más, no había tensión alguna por el cable que sujetaba mi coleta.

No me dolía la cabeza.

Sentada en mi pequeña y simple habitación en la Universidad de Warwick, a 734 millas de mi pueblo en Suiza y a más de 100 millas de distancia de Felix, quien por entonces era mi novio, me pregunté si tal vez —solo tal vez— había encontrado algo interesante. Sentí un pequeño hormigueo en el estómago.

Yo, Sophie Trelles-Tvede, una estudiante de una reconocida escuela de Administración para cuyo ingreso había trabajado hasta el cansancio, estaba sintiendo entusiasmo por algo que no tenía ninguna relación con cómo esperaba sentirme al final de mi primer trimestre.

Experimentaba un cosquilleo de entusiasmo por un PEDAZO DE CABLE DE TELÉFONO ENROLLADO.

Llamé a Felix, que estudiaba en la Escuela de Negocios de la Universidad de Bath, a unas tres horas en tren de distancia.

—¡Fuiaunafiestadelmalgustoysujetémicabelloconuncabledeteléfonoyacabodedespertarsindolordecabeza!

—¿Qué?

—¡Sujeté mi cabello con un cable de teléfono espiralado y no tengo dolor de cabeza! Se me ocurrió que podría hacer *hair ties* con el cable y podría ser un lindo proyecto paralelo.

Hubo un silencio. Mi idea seguramente le había sonado a Felix como algo sin ningún sentido, como si quisiese vender pendientes para perros o hacer bicicletas para peces.

Pero me dijo: "¿Cuánto dinero gastaste?".

Esto era típico de Felix. Él quiere primero los detalles y los números, y solo se entusiasma una vez que hay pruebas de que algo funcionará. Podía perdonarlo, al fin de cuentas, se estaba preguntando por qué esto sonaba como una buena idea.

Felix también se sentía frustrado con su carrera. Su hermano mayor, Dani, y su socio, Niki, estaban viviendo en Múnich, de donde era Felix. Estaban pasando por un gran momento como distribuidores alemanes del cepillo para el pelo Tangle Teezer (los distribuidores hacen exactamente eso: compran productos al por mayor a un fabricante y luego lo distribuyen a distintos lugares donde esos productos pueden ser vendidos, como salones y peluquerías).

El Tangle Teezer era popular en el Reino Unido, pero no en Alemania, por lo que Dani y Niki ayudaron a expandir la marca; antes de eso, estaban vendiendo una manta con mangas, pero al parecer solo hay un número muy limitado de personas dispuestas a comprarla. Escuchamos ya todo sobre lo que Dani y Niki estaban haciendo, aprendiendo sobre los negocios y la vida real y, a la vez, haciendo dinero. Honestamente, su éxito nos generaba bastante envidia.

Felix también sabía sobre los dolores de cabeza que sufría regularmente por las *hair ties*, y una vez que comprendió que un cable de teléfono espiralado podría resolver ese problema, se involucró más con la idea.

—*Ok* —dijo Felix al otro lado del teléfono—. Cuéntame más.

2.

La goma elástica de cable telefónico para chicas

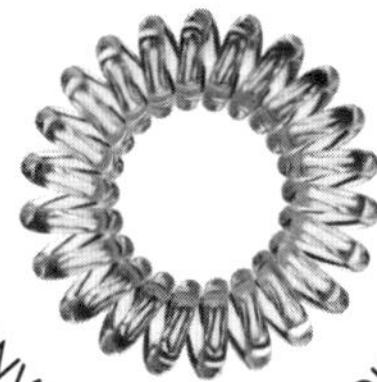

O INVISIBOBBLES VENDIDAS

LO QUE APRENDÍ:

- **Si creas una nueva palabra para nombrar a tu producto, aparecerás en primer lugar en Google (al menos al comienzo).**
- **Como estudiantes, no teníamos nada que perder iniciando un negocio.**
- **Las personas se llevan la gloria por atraer inversiones, pero no tiene por qué ser así.**

En 2012 las *hair ties* solo eran elásticos cubiertos de tela que se vendían en paquetes de 30 por alrededor de una libra. Las mujeres las necesitaban para atar sus cabellos en una coleta o sujetar las trenzas de sus hijas. Eran baratas, no importaba la marca y, definitivamente, no eran amigables con el pelo.

Además de darme tremendos dolores de cabeza, las puntas de los elásticos se unían por una pequeña pieza de metal soldada que a menudo se enredaba en mi cabello. Eso resultaba muchas veces en un pequeño montón de pelos que asomaban caprichosos por encima de mi cabeza, y debía tirar hacia atrás para intentar alisarlos. No siempre el resultado era un peinado aceptable. Usando un pedazo de cable telefónico, no sentía que hubiera cabellos esforzándose por sobrevivir y, de alguna manera, todo se mantenía prolijo.

Experimentando con la idea noté algo más: al retirar el cable telefónico, no dejaba marcas en mi pelo. Mi cabello es largo, fino y rubio, y las gomas comunes siempre me dejaban una especie de abolladura extraña; sabía que este era un problema que otras personas, con distintos tipos de cabello, también conocían.

Para las semanas de Navidad y principios de 2012, Felix y yo y éramos expertos en cables telefónicos. Nos dimos cuenta de que venían en espesores ligeramente variados y de que, en ocasiones, el cable en sí era completamente circular, aunque en la mayoría de los casos había un lado plano en el interior. Instintivamente pensé que los cables de tipo circular se verían mejor y que, además, serían más amables con el cabello.

Lo que necesitábamos era alguien que pudiera hacer para nosotros únicamente la cubierta, sin los componentes eléctricos de teléfono en el interior. Un fabricante que pudiera, también, pegar y unir los extremos para hacer una goma circular. Desde un primer momento quisimos que nuestro producto fuese, por sobre todo, diferente a las *hair ties* comunes. El material debía ser plástico con una superficie suave que tuviera elasticidad. Además, debía mantener su forma y sentirse bien en el cabello.

Sin embargo, no puedes buscar en Google "cuerda de teléfono sin el cable" y hallar una gran cantidad de resultados. Definitivamente no es lo mismo que crear una nueva versión de un clip para papel. Existen otros tipos de productos con forma de espiral —cuadernos espiralados, el Slinky, las mangueras para la ducha— pero todos tienen los componentes metálicos que no queríamos.

Hicimos una búsqueda en Alibaba, que es una especie de versión china, y de grandes proporciones, de Amazon, donde se puede comprar cualquier cosa, desde langostas vivas hasta vibradores a control remoto. Allí encontramos cerca de 15 posibles proveedores y enviamos un e-mail a cada uno con el asunto "Goma elástica de cable telefónico para chicas". Esa frase nos pareció la mejor manera de explicar lo que creíamos estar buscando: una goma elástica para el cabello con forma de espiral, parecida a un cable telefónico.

Encontramos a un tipo llamado Liang, quien fabricaba tanto los cables telefónicos como los que usan los guardaespaldas. Lo convencimos para que hiciera nuestras primeras pruebas. Debimos negociar un poco, los fabricantes a menudo tienen establecidas cantidades mínimas para cada orden. Entonces, le escribí inventando cifras en el aire.

Maill De: Sophie Tvede
Para: 趙李
Enviado: Lun 6/2/2012, 7:46 a. m. UTC+0800
Asunto: Re: Re: Goma elástica de cable telefónico para chicas

Hola Liang,

Si me dices cuántos dias demorará el envio de la muestra y cuántos días te llevará hasta que puedas enviarla, te transferiré el dinero en el transcurso de las próximas 24 horas via PayPal.

En caso de estar satisfecha con los productos, haremos una orden de prueba de 15.000 unidades. Si continúo satisfecha, haremos una orden de 200.000 unidades.

Muchas gracias,

Sophie Trelles-Tvede

Un par de semanas más tarde, las muestras de nuestras *hair ties* de cable telefónico para chicas llegaron a mi residencia en Warwick. Efectivamente, eran *hair ties* hechas de un material similar al del cable telefónico y unidas mediante una soldadura. Pero las había de distintos espesores y tamaños, algunas estaban hechas con el tipo de cable que tenía el lado plano y otras redondas. ¡Eran horribles!

Había imaginado una goma elástica pequeña, colorida y con forma de espiral que se sintiera suave y se viera bonita. En lugar de eso, los colores eran un amarillo enfermizo y un verde triste. Se estiraban muchísimo, se sentían ásperas al tacto y olían a químicos. Pero era todo lo que teníamos, así que debía, al menos, probarlas.

De pie frente al espejo, sujeté mi cabello con una de ellas y agité mi cabeza rápidamente de un lado al otro. La coleta se mantenía firme.

Incliné mi cabeza y la agité violentamente varias veces como si intentara quitar agua de mi oído. La goma elástica se mantenía en su lugar.

Hice movimientos circulares constantes con mi cabeza como si fuera una lanzadora de bala en las Olimpíadas. Todo en orden.

Luego intenté con cabeceos. Me di con la coleta en un ojo, pero la goma elástica se seguía sintiendo cómoda y no se movía. Era un poco pesada en mi cabello, pero si lográbamos afinar detalles, podría convertirse en un producto realmente bueno. La dejé en mi cabello por una hora y no hubo marca cuando la quité. Y algo crucial: no sentí dolor de cabeza.

Llamé a Felix que, siendo un tipo de pelo corto, no tenía más opción que la de confiar en mí.

—Estas *hair ties* funcionan —dije.
—Genial. Podemos hacerlo. A todo o nada.

Desde el primer momento Felix dejó muy en claro que NO debíamos tener un emprendimiento pequeño y hogareño "ja, ja". Esto quiere decir una empresa pequeña que está pensada como algo divertido en lugar de algo que se supone que te permita vivir de ella. "Esto lo haríamos, y lo haríamos juntos y en serio".

Creo que el 99% de las ideas se mantienen justamente como eso: ideas. Antes yo pensaba que para crear tu propio negocio debías seguir estos pasos:

- Obtener una licenciatura. Hallarte. Descubrir qué es lo que te interesa (3 años).
- Obtener una maestría. Ahondar con más profundidad en algunas ideas para el desarrollo de tu carrera (1 año).
- Conseguir un trabajo épico. Ganar dinero. Alcanzar estabilidad financiera (25 años).
- Crear la empresa con la que soñabas hacía mucho mucho tiempo, cuando estabas en la universidad (que a esta altura seguramente ya habrá creado otra persona, por lo que no te queda demasiado por hacer).

Esos eran mis preconceptos y creo que muchas personas sienten que ese es el único camino para convertirse en emprendedores. Pero aprendí que no es necesariamente así.

Teníamos 18 años cuando tuve la idea para nuestras *hair ties* y cumplí 19 en enero de 2012, año en que comenzamos nuestro negocio. Creo que si hubiese esperado a tener una carrera de 25 años, esta empresa de un accesorio para el cabello jamás hubiese empezado. El riesgo económico y personal aumenta a medida que envejeces, y si hubiésemos esperado, seguramente alguien más habría inventado la goma elástica espiral para el cabello, o yo hubiese pensado que la idea era demasiado ridícula como para arriesgar por completo mi carrera profesional.

Nuestro producto, la goma elástica de cable telefónico para chicas, era un poco ridículo, pero yo le tenía fe. Antes de intentar comenzar a venderlo, necesitábamos un nombre. Quería una palabra completamente nueva, una que se sintiese femenina, adorable, divertida, y que explicase, al menos en parte, lo que el producto hacía.

Además, debía ser un nombre que, al ser escrito en Google, no produjera ningún resultado previo. Así, cuando el nombre de la marca fuera inventado y las personas comenzaran a oírlo, aparecería en la primera página.

Felix tomó mis consideraciones para el nombre en forma muy literal.

Una noche me senté en mi dormitorio, de piernas cruzadas sobre la cama, enviándole mensajes desde mi BlackBerry (un tipo de *smartphone* que hoy está extinto). Fue más o menos así:

FELIX **¡Tengo el nombre perfecto!**

! YO

No Trace[4].

¿Así es como crees que deberíamos llamarlo? Esas son DOS palabras, no una.

¡Sí! No deja rastros, así que, No Trace, ¿entiendes?

No. Quiero inventar una palabra nueva, ¡no unir dos palabras que ya existen!

¿TraceFree?[5]

¡Es exactamente el mismo concepto! Trace y Free ya son palabras.

¡ElastiTrace![6]

😬

4. En español, 'sin rastro'. *(N. del T.)*
5. En español, 'libre de rastro'. *(N. del T.)*
6. En español, 'elastirastro'. *(N. del T.)*

Anoté nuestras ideas. Era una lista muy poco inspiradora:

No-TrAce TraceFREE ElastitrACE
HairKindly SpiralhAIR

Luego recordé que mi amiga británica Hope siempre se refería a las *hair ties* como "bobbles", un nombre que siempre me había sonado gracioso. Y pensé: este producto no deja rastros. En algún punto de una noche de febrero, la palabra "invisible" apareció en mi mente, y cortando el "le" del final se podía unir con la palabra "bobble" para terminar en *invisibobble*. Entonces, es como una goma elástica para el cabello que no deja una marca.

Todavía sentada en mi cama, escribí "invisibobble" en Google.

"¿Quisiste decir burbuja invisible[7]?", me respondió Google. Hice clic en el primer resultado para "burbuja invisible" y llegué a un sitio web que decía: "Todos tienen una burbuja invisible alrededor de su cuerpo. La burbuja establece el límite de cuánto se puede acercar alguien antes de que uno se sienta incómodo, y también establece el límite de cuánto uno puede acercarse a alguien más".

Por mucho que esa burbuja invisible sonara como un superpoder que desearía tener, estaba tan lejos de nuestra idea como era posible.

No había resultados para *invisibobble*. ¡NINGÚN resultado!

"Tal vez esta palabra, *invisibobble,* me persiga por un tiempo", pensé. "Probablemente no, pero es posible, así que, recuerda este momento".

Felix consideró que *invisibobble* era aceptable, pero que quedaba en segundo lugar con respecto a todas las maravillosas sugerencias que él había hecho. Sin embargo, decidimos seguir y diseñar un logo. Para hacer que *invisibobble* fuese más fácil de leer, escribimos "invisi" y "bobble" en diferentes tonos de verde y creamos un diseño utilizando la versión barata, para estudiantes, de Photoshop. Añadimos la bajada "el anillo para cabello que no deja rastros", algo que todavía hoy aparece en nuestro empaquetado.

Puedes tener productos tan complicados como un reactor nuclear o tan simples como un hacha de piedra, y la goma elástica espiralada para el cabello *invisibobble* está definitivamente más cerca del hacha de piedra. Eso de

7. En inglés, '*invisible bubble*'. *(N. del T.)*

ninguna manera significa que sea una invención menos meritoria, pero, sin duda, fue así para muchos amigos que se burlaron de mí desde un principio.

La gente realmente tenía sus dudas cuando les pedía su opinión.

"Parece una especie de resorte raro".

"¿No se enredará en tu cabello?".

"¿Acaso alguien te vomitó eso encima?".

Decían que era feo, que no les gustaban los colores, o que no se veía muy moderno. Colocar algo que parecía un cable telefónico en tu cabello era una idea muy rara.

En ese entonces hubo unos chicos en la universidad que recibieron una beca de 25.000 libras esterlinas (cerca de USD 30.000) para desarrollar un accesorio que permitía, por medio de internet, regular la intensidad de una bombilla eléctrica desde un *smartphone*. Era una gran idea y recibieron todo tipo de halagos por ganar esa beca; pero no hubo ninguna inversión para mi producto, y las reacciones de las personas eran, cuanto menos, escépticas.

Las *hair ties* eran un producto funcional y de escasa participación, casi como el papel higiénico. Con el papel higiénico, siempre y cuando tu trasero quede medianamente limpio, las personas están contentas, con alguna que otra excepción. Es algo que necesitas, pero que nunca ansías comprar.

Nosotros teníamos la oportunidad de hacer que las *hair ties* pasaran de ser el accesorio capilar equivalente al papel higiénico a algo mágico que las personas amasen y desearan y por lo que estuvieran dispuestos a pagar más dinero.

3.
El Sr. Bernhard tropieza con nuestro sitio web

LO QUE APRENDÍ:

- **Puede que las personas no compren cosas si hay demasiadas opciones.**
- **La combinación de creatividad y eficiencia es esencial para una empresa emergente.**
- **No saber nada sobre una industria puede ser una ventaja para trabajar en ella.**

Más allá de que estaba muy entusiasmada —a pesar de los odiadores—, Felix fue quien estableció fechas límites. Cuando lo visitaba en Bath, yo quería que pasáramos tiempo juntos después de haber trabajado duro en las invisibobbles durante todo el día, pero él se quedaba despierto hasta tarde para terminar el logo o escribir textos para nuestra web.

El invierno anterior a que comenzáramos las clases en la universidad, ambos trabajamos como instructores de esquí. En Suiza, donde yo trabajaba, pagaban muy bien; en Austria, donde trabajaba Felix, pagaban muy mal. Yo ganaba 25 francos suizos (alrededor de GBP[8] 21 o USD 26) por hora sin

8. Al momento de la presente edición, 1 GBP representa USD 1,36. Unificaremos las referencias monetarias en USD por su uso universal.

contar las propinas, y no debía pagar impuestos porque ganaba menos del salario mínimo anual.

Ahorramos cerca de USD 2.000 cada uno. Felix había necesitado trabajar mucho más que yo, pero nunca imaginamos que fuéramos a invertir una gran porción de los ahorros de nuestras vidas en miles de pequeños y coloridos pedazos de plástico enrollado que serían enviados desde China en un contenedor.

Sin embargo, eso es exactamente lo que hicimos, porque una vez que llegamos al punto en que estábamos satisfechos con nuestras muestras, la primera orden que encargamos al tipo de Alibaba, por 15.000 invisibobbles, nos costó alrededor de USD 3.800. Fue una decisión de inversión muy fuerte, especialmente considerando que la mayoría se había reído de nosotros; pero estábamos seguros. Los zapatos nuevos y las vacaciones podían esperar: esta era una verdadera idea.

El precio incluía el packaging, porque necesitábamos encontrar una forma más interesante de presentar nuestras gomas para el cabello que simplemente abrocharlas a un pedazo de cartón. Había visto paquetes de dos esmaltes para uñas que se vendían en pequeñas bolsas tipo Ziploc y me habían parecido adorables, por lo que enviamos una a Liang y le pedimos producir 5.000 unidades. También le pedimos unas bolsas más grandes en las que pudieran entrar cinco y diez gomas, y logramos que imprimiera en los paquetes la dirección web que íbamos a comprar: invisibobble.com.

También necesitábamos que todo llegara en poco tiempo, porque, a pesar de las fechas límites creadas por Felix para asegurarse de que siguiéramos a buen ritmo, teníamos una fecha real acercándose: la exposición Hair & Beauty. Se trata de una gran feria comercial en Frankfurt a la que asisten compradores y peluquerías y en la que se exhibe de todo, desde extensiones para el cabello hasta mobiliario para salones de belleza. New Flag, la empresa de Dani y Niki, tendría un puesto de Tangle Teezer allí, y sería una enorme oportunidad para llevar las invisibobbles a la industria profesional del cabello. ¡Faltaban solo dos meses!

El sábado 17 de marzo de 2012 a la 1:49 de la mañana Felix me envió un e-mail. "REALMENTE necesitamos estas *hair ties* antes de que mi hermano y Niki vayan a la convención. Nos proporcionaría un comienzo verdaderamente bueno", escribió. Cinco días más tarde llegó otro e-mail.

Mail De: "Felix Haffa" <felix@invisibobble.com>
Para: Yo
Enviado: Jue 22/3/2012, 1:23 a. m.
Asunto: jijiji fijate desde qué e-mail estoy escribiéndote

Ah... Felix. Había sido mi novio más o menos desde los 15 años, cuando nos conocimos en la secundaria en Zúrich. Antes de empezar a salir, yo lo veía como un chico apuesto, con algunos pocos amigos con los que estaba todo el tiempo. No creo haberlo visto sonreír jamás en esa época, y encontraba al grupo, en general, bastante intimidante y un poco arrogante.

Empezamos a hablar cuando hicimos un viaje escolar al lago Garda en Italia, sin embargo, y una vez que lo conocí mejor, comprendí que lo suyo era más parecido a la introversión que a la arrogancia. Cuando volvimos a Zúrich me invitó a salir.

Felix dice que pensaba que yo era tímida y bonita, y que le daba miedo hablarme. Y mientras que él era muy competitivo en todo lo que hacía, sacrificando pasar tiempo con amigos para poder estudiar, en la escuela yo era un poco más sociable. A pesar de eso, éramos similares en el sentido de que preferíamos estar solos para avanzar con nuestros estudios. Él es, además, la persona más motivada que se pueda conocer, alguien obsesionado con los detalles y siempre esforzándose por ser mejor. Actualmente, si vendemos algo por USD 1.000.000, él preguntará "¿por qué no USD 2.000.000?", y si recibimos novedades de que un negocio no está saliendo como lo planeamos, me hará preguntas al respecto cerca de tres veces al día hasta que el problema esté resuelto.

Felix siempre fue una persona resolutiva. Necesita ocuparse de que las cosas se hagan; yo soy mucho más creativa. Puedo enfocarme muy bien en nutrir nuestra marca y en pensar las cosas a largo plazo, mientras que Felix piensa mucho más en los números y en cómo podemos obtener dinero *ahora mismo*. Creo que se necesitan ambos estilos para que una sociedad comercial sea exitosa, a pesar de que esa diferencia ocasionó algunas discusiones a lo largo del camino.

Bueno, ahí estábamos, en marzo de 2012, sin saber realmente nada acerca de nada, porque todavía éramos adolescentes, esperando que nuestras 15.000 pequeñas piezas de plástico espiralado y 5.000 pequeñas bolsas viajaran 5.000 millas desde la fábrica de un tipo llamado Liang que vivía en algún lugar de

China hasta el hogar de los papás de Felix en Múnich, a donde viajaríamos para las vacaciones de Pascuas.

Por entonces nuestras *hair ties* medían apenas más de una pulgada de diámetro y estaban disponibles en 27 colores diferentes. Les dimos nombres: Submarine Yellow[9] a uno que era muy vívido, Turtle Green[10] a uno de color medio fangoso, Space Blue[11] a otro de color azul brillante. Éramos tan creativos...

Mirando hacia atrás, 27 colores y tres tamaños diferentes de empaque eran demasiaaadas opciones para el comienzo. Está demostrado que en los supermercados, mientras más acotada sea la selección de cualquier producto, mayores serán las chances de que alguien lo compre. Es decir, si hay tres tipos de mermelada —fresa, frambuesa y albaricoque— la decisión es bastante fácil. En cambio, si hay 20 tipos de mermelada de fresa, 20 tipos de mermelada de frambuesa y 20 tipos de mermelada de albaricoque, además de distintas combinaciones de las 3, todo se vuelve tan abrumador que a menudo las personas se dan por vencidas y no compran nada.

En fin, una vez que recibimos todo, lo desparramamos sobre el piso de la sala de los papás de Felix. Nos pusimos a separar las 15.000 *hair ties* en pilas de diferentes colores como si fuera un gigantesco arcoíris multicolor en la alfombra. Fuimos empujando gradualmente las mesas, sillas y sofás hacia las paredes para tener más espacio.

Nos sentamos en el piso, gateando entre las pilas y empaquetando las gomas en las bolsas con la marca de invisibobble de dos, cinco y diez unidades, armando múltiples combinaciones de colores; también armamos paquetes de cinco y diez únicamente negras.

Toda la casa olía como una fábrica de plástico, y después de unos tres días, el padre de Felix, que nos había estado evitando, entró a la sala.

"Guarden. Ahora. ¡TODO!", gritó, enfurecido. Creo que los papás de Felix no habían considerado realmente la desorganización que causaríamos, y, definitivamente, no comprendían por qué teníamos tanta fe en que alguien en verdad compraría una goma elástica espiralada para el cabello. Tuvimos la suerte de que el hermano de Felix rentara un depósito en

9. En español, 'submarino amarillo'. *(N. del T.)*
10. En español, 'verde tortuga'. *(N. del T.)*
11. En español, 'azul espacial'. *(N. del T.)*

Múnich para New Flag, por lo que una vez que terminamos de empacar nuestras 15.000 gomas para el cabello, Dani nos permitió mover allí todo nuestro stock.

Teníamos un nombre y teníamos nuestros productos; ahora necesitábamos un sitio web. Utilizamos software de Shopify y tomamos fotografías de una de nuestras amigas usando invisibobbles de diferentes colores en su cabello. Nuestro logo combinaba con la invisibobble Turtle Green, y nuestra página de inicio tenía una presentación de diapositivas de varias imágenes: invisibobbles en la coleta de nuestra amiga, un paquete multicolor de diez unidades, una pila de gomas rojas, negras y amarillas y, finalmente, una imagen de nueve gomas Turtle Green que parecía una pila de pequeñas orugas verdes y enrolladas.

El sitio tenía información sobre el producto, los colores disponibles, una sección "acerca de nosotros", las opciones de envío a Alemania, Austria y Suiza, y un apartado de preguntas frecuentes. En verdad se veía bastante profesional.

El día en que lanzamos el sitio recibimos nuestra primera orden.

Un alemán llamado Uwe Bernhard había pedido un pack de cinco invisibobbles de colores variados por EUR 8,49 y pagado la tarifa estándar de envío de EUR 1,99, lo que llevaba el total a EUR 10,48 (alrededor de USD 11,50).

De alguna manera el Sr. Bernhard había tropezado con nuestro sitio web, lo había explorado y había decidido hacer un pedido. La sensación era maravillosa: mitad "oh por Dios, esto es completamente único, nunca ocurrió antes, ponlo en una licuadora, defeca encima, vomita encima, es una sensación de-otro-mundo" (tomando algo prestado de Lady Gaga describiendo lo que siente por el director Ryan Murphy), y mitad morirnos de risa de pensar en que un hombre de edad, cabellera y profesión indefinidas había visto nuestras invisibobbles, le habían gustado, había tomado su tarjeta de crédito y comprado un paquete.

No es que no creyéramos en invisibobble, pero al fin y al cabo éramos dos adolescentes aburridos que no tenían la menor idea de lo que estaban haciendo y, de repente, ganamos EUR 10 gracias a un tipo cualquiera. Estábamos extasiados y pusimos su pequeño paquete de invisibobbles cuidadosamente dentro de una cajita de cartón con una nota de envío escrita a mano y una tarjeta de agradecimiento. Esperábamos que si el Sr. Bernhard había comprado invisibobbles, otros harían lo mismo.

Por alguna razón, desde entonces, los pedidos empezaron a llegar. En un buen día podíamos llegar a vender productos por entre USD 55 y USD 70. Pero sabíamos que no era rentable continuar haciendo envíos pequeños desde el sitio web y que para poder crecer debíamos encontrar un distribuidor. Dani y Niki sugirieron que enviáramos paquetes gratuitos a los salones de belleza junto con sus pedidos de Tangle Teezers; con suerte, a los peluqueros les gustaría el producto y empezarían a encargar también invisibobbles.

Lo que ignorábamos en ese momento era que los salones solían tener acuerdos de exclusividad con grandes fabricantes como L'Oréal o Schwarzkopf que implicaban que solo pudieran vender champús y otros productos de esas compañías, que producían marcas como Kérastase y Redken. Sin embargo, como no había acuerdos de exclusividad para accesorios de cabello, ingresar en las peluquerías no era un problema.

De haber conocido estos tipos de "reglas" o cualquier otra cosa sobre la industria de la belleza y el cabello, tal vez nos hubiéramos contenido, o tal vez habríamos pensado que incluir paquetes de invisibobbles en los envíos de Tangle Teezers era un error, pero en ese momento, siendo niños, no sabíamos nada. De verdad. Quiero decir que sabíamos tan poco que ni siquiera sabíamos que no sabíamos nada.

A los peluqueros, efectivamente, les gustaron las invisibobbles que enviamos con los Tangle Teezers, y gracias a que las *hair ties* eran tan pequeñas no les era difícil encontrar un lugar donde ubicarlas. Hicimos un acuerdo por el cual podían comprar 100 *hair ties* por USD 56 y les enviábamos una jarra tipo pecera sin costo adicional para colocarlas. La idea era que fuera fácil para un cliente comprar un paquete de invisibobbles después de cortarse el cabello. Gastar cerca de USD 5,60 en un pack de 3 invisibobbles no era nada en comparación con lo que seguramente habría pagado por su corte o por su lujoso secado de cabello.

Y a pesar de poner a prueba la paciencia del papá de Felix, logramos tener los paquetes de gomas para el cabello listos para la exposición de Frankfurt. Yo no pude ir porque se acercaba la época de exámenes en Warwick, pero lo que sucedió nos voló la cabeza. Mi papá había manejado su propia empresa y se había interesado por invisibobble, por lo que le envié las novedades.

Mail De: Yo
Para: Tvede
Enviado: Jue 17/5/2012, 12:56 p. m.
Asunto: pequeño update

En la exposición en Frankfurt habia un tipo que es el dueño de 10 peluquerias y tiene contacto con más de 600 salones de Alemania que mostraron un fuerte interés en nuestras *hair ties*.

No parece estar interesado en ofrecernos una ganga, pero si logramos que esto funcione, seria increible porque podriamos, potencialmente, vender nuestras gomas para el cabello en 600 peluquerias de todo el pais, y seria un gran comienzo. ¡Si esto sucede, obtendriamos una publicidad impresionante y tendriamos mayores posibilidades de vender en grandes tiendas departamentales! Todo es muy emocionante.

Sophie

El tipo de las peluquerías se llamaba Rick Vahr, e hizo un pedido de algunos cientos de invisibobbles para vender en sus propios salones. Si se vendían bien, sería fácil para él entregar muestras a su equipo de ventas para llevar el producto a otras peluquerías, gracias a que las invisibobbles son muy pequeñas. Si eso resultaba exitoso, podría llegar a firmar un contrato con nosotros para distribuir a cada uno de los 600 salones. Debíamos ubicar 15.000 invisibobbles, por lo que necesitábamos seguir adelante.

4.
Mi papá apostó la casa

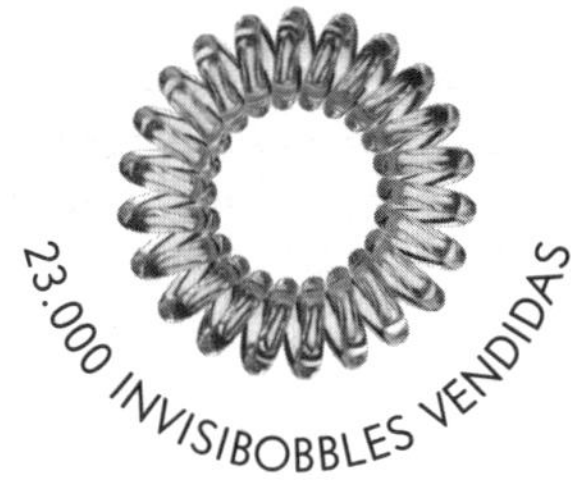

LO QUE APRENDÍ:

- **Las opiniones de otras personas pueden ser molestas.**
- **Sin embargo, también pueden darte ideas con las que nunca habias soñado (gracias, Debbie la peluquera).**
- **No hay un hada de las gomas para el cabello.**

Durante los primeros nueve meses, lo único en lo que podía pensar era en si nuestras *hair ties* realmente funcionaban, y en perfeccionarlas hasta alcanzar la mejor versión posible. No quería encontrarme en una situación en que las personas compraran invisibobbles porque se veían novedosas o diferentes (en un buen sentido) pero luego no estuvieran realmente felices de usarlas. Nuestras invisibobbles debían ser perfectas.

Mi cabello es largo y fino, el típico estilo nórdico, y necesitaba comprender cómo nuestro producto funcionaba en otros estilos. Por entonces teníamos un *focus group*[12] de una persona —yo— por lo que entregaba *hair ties* a estudiantes alrededor del campus y observaba mientras se sujetaban el cabello.

12. En español, 'grupo de opinión' *(N. del T.)*

Esas conversaciones solían ser así:

Yo: —Hola, ¿has visto este nuevo tipo de *hair ties*?
Estudiante: —¿Esta es una *hair ties*? ¿No se enreda?
Yo: —¿Te gustaría probarla en forma gratuita?
Estudiante: —¿Gratis? ¡Seguro! Oh, aunque probablemente la pierda.
Yo: —¿Te molestaría que observe mientras te sujetas el cabello ahora?
Estudiante: —Okaaaayy…

Cuando inventas algo que nunca jamás se vio antes, te obsesionas por completo con la forma en que las personas lo usan y con saber quiénes son aquellas personas que lo usan. Te obsesionas realmente por completo. La primera vez que vimos a una mujer que usaba una invisibobble en un parque de Múnich, Felix y yo la perseguimos por todos lados durante un laaargo rato, con los ojos muy abiertos y expresión de sorpresa, haciendo gestos de chocar los cinco en silencio y a sus espaldas. Las demás personas nos podían ver haciendo esta pequeña danza de victoria, pero ella no. No pueden imaginar la sensación de saber que alguien vio tu producto e invirtió dinero en él.

Ahora, en serio, la razón por la que quería observar a las personas que usaban el producto era que necesitaba comprobar que se sintieran de la misma manera que yo; que las encontraran fáciles de usar y de quitar. Algunas semanas más tarde, veía a las mismas estudiantes en el campus y notaba que continuaban usando sus invisibobbles porque las llevaban como brazaletes, que era exactamente lo que hacía yo. Eso nunca fue parte de nuestro plan, pero todas simplemente lo hacían.

El hecho de que llevaran las invisibobbles en sus muñecas demostraba que estaban contentas de usarlas de la misma forma en que usaban gomas comunes para el cabello, a pesar de que se veían muy diferentes. Esto me dio confianza. Había algo del producto que funcionaba, porque muchas de las personas a las que les contaba sobre las invisibobbles todavía no lo comprendían. Las chicas tenían una forma de sujetarse el cabello con la que decían estar contentas y, aun así, pensaban en las *hair ties* de la misma forma en que pensaban en el papel higiénico: como una necesidad aburrida.

En un principio, nuestras *hair ties* no eran exactamente increíbles. Se estiraban y no volvían automáticamente a su forma original, por lo que debimos hacer muchas mejoras. A pesar de eso, sabía que había solucionado el problema de las marcas y las jaquecas, y me repetía a mí misma, en forma constante, que si yo veía el valor del producto, otros también lo harían.

También sabía que necesitaríamos la opinión de expertos en materia de *hair ties*. Y aquí es donde entraron en juego los peluqueros. Nos dimos cuenta de que el producto no solo no dejaba marcas u ocasionaba jaquecas, sino que, además, no dañaba el cabello de las personas cuando se lo quitaban. Esto hizo que los peluqueros amaran el producto y lo comentaran con sus clientes. Significaba, también, que nuestros empaques podían decir "amable con el cabello".

La mayoría de las peluquerías hacían pedidos una o dos veces al mes, pero comenzamos a recibir encargos de una mujer, Debbie, cerca de dos veces por semana. Tal vez tenía un enorme salón justo en medio de la ciudad que estaba abierto día y noche, o tal vez tenía vendedores brillantes.

Envié un mensaje de texto a Felix el 3 de septiembre de 2012.

¡Debbie lo hizo otra vez! YO

FELIX **¿Cuántas pidió esta vez?**

Algo asi como 300 paquetes.

¿Acaso los está comiendo como golosinas?

Debbie resultó ser una peluquera común y corriente en una ciudad alemana común y corriente, y utilizaba las invisibobbles de una manera que jamás consideramos: peinados recogidos. Si una cliente se había terminado de hacer un corte, ella le ofrecía un peinado recogido gratis usando nuestras *hair ties*. Debbie podía hacer un peinado usando tan solo una invisibobble en lugar de, por ejemplo, 3 gomas comunes para el cabello y 15 pasadores metálicos.

Interesante. Ya ven. Yo tenía la meta muy clara de desarrollar el gran beneficio del producto, que era evitar las jaquecas. Felix tenía una meta muy clara que era hacer algo que tuviera el potencial de ser vendido a gran escala, y a la vez estaba obsesionado con elaborar el producto en forma eficiente. Y de pronto, estaban los peluqueros que nos brindaban todos estos otros puntos de vista, como el hecho de que una superficie suave significaba que sería amable con el cabello y que se podían hacer peinados creativos. ¡Estaban desarrollando el negocio por nosotros!

Esto se volvió superimportante. Comenzamos a trabajar junto con Debbie en distintos peinados que filmábamos y luego subíamos a YouTube; tener el tipo de contenidos adecuados es fundamental para los productos nuevos. El cabello no es el fuerte de Felix, créanme, realmente no lo es. Sin embargo, los negocios sí lo son, y entendió perfectamente el valor de trabajar con Debbie. Aún hoy trabajamos con peluqueros y estilistas, y sus tutoriales de YouTube reciben regularmente decenas de miles de vistas. Resulta que hay muchas Debbies allá afuera.

Un día, más o menos un mes antes de la exposición de cabello en Frankfurt, Felix y yo nos encontrábamos otra vez en la casa de sus papás armando los paquetes de invisibobbles (esta vez en el sótano) cuando Felix revisó su e-mail. Había un nuevo mensaje de Rick, el tipo que tenía las 600 peluquerías. Su prueba había ido bien y quería hacer un pedido. Apenas podíamos creerlo: un empresario serio vio el potencial de nuestros productos a menos de seis meses de comenzar con invisibobble. Nos pusimos manos a la obra un poco como en *Blancanieves y los siete enanitos*, cuando los enanitos están empaquetando alegremente los diamantes que excavaron mientras cantan "Hi-Ho" y marchan al ritmo de la música.

Pedimos algunas jarras más por Amazon, imprimimos algunos stickers de invisibobble y pasamos toda la tarde pegándolos a las jarras antes de llenarlas con una variedad de colores, además de rellenar las pequeñas bolsas con cinco o diez de nuestras *hair ties*. Luego envolvimos cuidadosamente las jarras con papel y las colocamos dentro de cajas de cartón, listas para llevar al correo al día siguiente. Había cerca de diez cajas; después de despacharlas, enviamos un mensaje de texto a Rick para avisarle que estaban en camino.

Tres días más tarde, Rick contestó el mensaje. Casi la mitad de nuestras jarras amorosamente envueltas habían llegado hechas añicos, por lo que volvimos al sótano y comenzamos de nuevo. Esta vez usamos plástico de burbujas y cajas de un cartón más denso. Rápidamente aprendimos que hay muchas variedades de cartón (¿quién lo hubiese dicho?) y que nosotros necesitábamos uno llamado "doble corrugado" que consiste en, precisamente, dos capas de papel corrugado que refuerzan cada lado de la caja. Equivocarnos en el tipo de empaque nos había costado tiempo y dinero, pero el error nos hizo hiperconscientes de que los detalles son importantes. En ellos se esconde el diablo.

Rick continuó haciendo pedidos y cada vez que llegaban, yo confeccionaba una factura; era una de las cosas que hacía durante las conferencias de la universidad a las que me molestaba en asistir.

Tal vez los profesores pensaban que estaba tomando notas. Otros estudiantes de Administración sonreían cuando me veían, diciendo en tono irónico: "¡Oh, Sophie, nos has honrado con tu presencia!".

Aunque ninguno de los profesores sabía realmente si faltaba a algunas conferencias, las clases eran más difíciles de evitar. En los primeros tiempos, le pedía a algún amigo que falsificara mi firma en las listas de asistencia, y hasta un cierto punto eso funcionaba. El problema era que los tutores no habían memorizado todos nuestros nombres, por lo que se apoyaban en la lista de asistencia para hacernos preguntas. Si no asistías a más de tres clases, la universidad les escribía a tus papás. Por ese motivo debía ir a al menos algunas de ellas, pero torcía las reglas lo máximo posible.

Llegaron las vacaciones de verano, viajé a Barcelona con Hope y un par de chicas más, y fue entonces cuando Hope comenzó a entender que lo de invisibobble realmente era en serio. Conocí a Hope en la escuela en Zúrich, nos volvimos mejores amigas y siempre, desde el primer momento, fuimos muy honestas una con la otra. Todos los días nos despertábamos con resaca y mientras mis amigas se preparaban para ir a la playa yo me volvía, en palabras de Hope, "muy irritante".

"Necesito hacer algunas tareas", decía yo.
"¿Qué tareas tendrías que hacer AHORA MISMO?", preguntaba Hope.
"Debo confeccionar algunas facturas".

Hope rio al ver que hacía mis facturas en Word, las guardaba como PDF y luego las enviaba por e-mail a cualquier persona que hubiera pedido invisibobbles. Me despertaba a las 6 de la mañana muy entusiasmada para ver si teníamos algún pedido, y luego me ponía a facturar.

Por entonces, el valor de nuestros pedidos había subido, ya era de entre USD 120 y USD 550 por día, y si teníamos suerte, recibíamos un pedido de alrededor de USD 1.200. Para alguien de 19 años intentando comenzar una empresa en su primer año de la universidad, estas cifras eran inmensas, como lo serían para cualquier persona en un emprendimiento pequeño como el nuestro. Lo cierto es que fuimos rentables desde el principio: en los primeros meses del negocio vendimos lo suficiente para recuperar nuestra inversión inicial de (USD 4.000) y destinábamos todos nuestros ingresos a conseguir más invisibobbles y satisfacer más pedidos.

Para mi papá, sin embargo, estas sumas de dinero eran ínfimas.

Verán, mi padre no tenía exactamente un trabajo convencional. Era autónomo y siempre había hecho más o menos lo que había querido para ser exitoso. Era muy bueno comerciando materia prima, como el cobre; recuerdo un día, cuando era niña, en que colgó el teléfono y me dijo que había adquirido un montón de cobre. Unas dos semanas más tarde, le pregunté por qué no había llegado a nuestra casa.

Yo: —¿Cuándo nos entregarán el cobre, papá?
Papá: —El cobre no se entrega.
Yo: —¿Entonces por qué lo compraste?
Papá: —No, solo lo compré temporalmente y luego lo venderé, con suerte en unos dos meses.
Yo: —¿Cómo funciona eso?
Papá: —Bueno, mientras yo sea el dueño del cobre, el precio subirá. Luego podré venderlo para obtener una ganancia.

En otra ocasión, yo estaba sentada en la cocina, en pijamas y viendo *Bob Esponja* en la televisión mientras comía un sándwich, entró mi papá y se sentó a mi lado, lucía un poco pálido.

Yo: —¿Estás bien?
Papá: —Acabo de apostar la casa.
Yo: —¿Cuál fue la apuesta?
Papá: —Bueno, la lira turca se desplomó como una roca, y ahora puedo obtener un interés muy alto y grandes beneficios si la compro.

No entraré en detalles sobre las operaciones de cambio internacional, pero digamos simplemente que mi papá, en ocasiones, hacía enormes apuestas en distintas monedas y no siempre ganaba. Como esa vez lo hizo, seguí mirando *Bob Esponja.*

Las apuestas de mi padre solían ser bastante grandes, y que yo ganara un par de cientos de euros con unas *hair ties* plásticas no lo impresionaba demasiado. Tampoco comprendía realmente que las personas pudieran comprar un paquete de invisibobbles y luego quisieran volver a hacerlo. Solo cuando comenzó a ver —mientras esperaba en las colas de los aeropuertos— a más y más mujeres usando invisibobbles en el cabello o en la muñeca, pudo entender que eran populares y que las personas las querían en distintos colores (y distintos tamaños, cuando comenzamos a fabricarlas). Mi papá no estaba hecho para el mundo de los accesorios femeninos.

Tampoco era alguien que pensara realmente en cómo el pollo que estaba por comer había llegado al supermercado o dónde se fabricaba su dentífrico. Creo que para él todas estas cosas simplemente existían. Es casi como si el sofá de nuestra sala hubiese aparecido allí como por arte de magia, como si Dios hubiese dicho "¡he aquí tu sofá!".

Los bienes materiales requieren un nivel muy alto de manipulación, y es comprensible que muchas de las personas que trabajan con bienes virtuales, como el software o las finanzas, no entiendan el alcance de estos procesos. Aún hoy hay gente que me pregunta si mi trabajo es de tiempo completo, como si las invisibobbles aparecieran en las tiendas mágicamente, entregadas por el hada de las *hair ties*.

5.
De repente, teníamos 22 años

LO QUE APRENDÍ:

- **Puede que las personas no te tomen en serio si tienes una empresa, pero aparentas ser adolescente.**
- **Los productos que se ven raros pueden ponerse de moda.**
- **Pensar en empaquetar de una manera completamente diferente puede ser un factor determinante para tener éxito.**

En septiembre de 2012, cuando Felix y yo comenzamos nuestro segundo año en la universidad, se volvió evidente que necesitábamos organizarnos un poco mejor. Ya habíamos vendido alrededor de USD 56.500 en invisibobbles, principalmente a peluquerías en el Reino Unido y en Alemania, y nos habíamos dado un año para hacer que el negocio funcionara o, de lo contrario, rendirnos y comenzar algo diferente.

Yo seguía viva después de mi primer año en la residencia universitaria, sobreviviendo a la cama de prisión, a los inodoros tapados y a la criatura de pelusa blanca de la cocina, pero había decidido mudarme con dos chicas y dos chicos a una casa adosada de estilo victoriano en Leamington Spa, un pueblo señorial famoso por su arquitectura del estilo de la Regencia de principios del siglo XIX.

A pesar de su fealdad, al menos mi habitación en el edificio de dormitorios de la residencia universitaria tenía forma cuadrada. Una de las peculiaridades de Gran Bretaña es que a los diseñadores les encanta incorporar diferentes ángulos, como las ventanas en saliente. Pareciera no haber ángulos rectos y eso dificulta acomodar los muebles. Mi habitación en la casa adosada estaba en la planta baja y eso apestaba, porque la casa quedaba sobre una calle principal. Calcé mi escritorio en la ventana en saliente y cada persona que pasaba podía verme, tal como yo podía verlos pasar, mientras trabajaba en mi emprendimiento de gomas plásticas para el cabello y, ocasionalmente, estudiaba.

Por si eso fuera poco, conocía todos los chismes de Leamington Spa.

Solía despertarme a las 2 de la mañana escuchando una conversación como esta:

Adolescente ebria y chillona 1:	—¡No puedo creer que besé a Phil, el deportista!
Adolescente ebria y chillona 2:	—¡Eso es genial, te gustó por años!
Adolescente ebria y chillona 1:	—No lo entiendes. Unos 10 minutos más tarde se fue a su casa con Tina-Tetas-Grandes.
Adolescente ebria y chillona 2:	—Siempre odié a Tina-Tetas-Grandes.

Lo escuchaba todo.

Mientras tanto, en Múnich, nuestros amigos Dani y Niki alquilaron una oficina para New Flag que estaba ubicada junto a una discoteca llamada Call Me Drella[13]. Drella era un apodo con el que Andy Warhol se había bautizado a sí mismo —una mezcla entre *Cinderella*[14] y Drácula— y la discoteca era famosa por sus shows de acrobacia y por el hecho de que había que vestirse *realmente* bien para poder ingresar, lo que era conveniente porque cuando trabajaban hasta tarde podían caminar directamente de la oficina al club.

Dani y Niki habían contratado a su amiga Lisa para administrar la oficina, facturar y asegurarse de que todos cobren sus salarios; su escritorio era una

13. En español, 'llámame Drella'. *(N. del T.)*
14. En español, 'Cenicienta'. *(N. del T.)*

caja de madera dada vuelta con una superficie inclinada y astillas que se trababan en la base del mouse.

El escritorio de Dani parecía un inmenso cofre del tesoro, y era tan grande que hubo que entrarlo a la oficina utilizando una grúa, que lo depositó a través de la ventana. Un tiempo después, cuando yo trabajaba en esa oficina, tenía un escritorio que se asemejaba a una enorme ala de avión.

Como muchas empresas emergentes, New Flag en sus inicios no era precisamente la más eficiente de las operaciones. Al poco tiempo de unirse, Lisa se encontró sola en la oficina con una pila de cartas sin abrir. Abrió la primera.

New Flag GmbH
Max-Joseph-Straße 7
80333 Múnich
Alemania

2 de octubre de 2012

Estimados/as sres/as de New Flag

Como instancia posterior a las cartas de recordatorio enviadas en las fechas 2 de julio, 2 de agosto y 2 de septiembre de 2012 en las que se les intimaba al pago de la deuda atrasada por el monto de EUR 14, hemos gestionado la cobranza del importe adeudado por parte de un cobrador de deudas externo en la fecha y hora que se detallan a continuación.

2 de noviembre de 2012
10:00 a. m.

En caso de incumplir con el pago de la deuda, se procederá a iniciar un proceso penal.

Atentamente,

Munich Printers

Lisa se fijó en la hora. Era el 2 de noviembre de 2012 y eran las 9:40 a. m. El cobrador de deudas llegaría en 20 minutos. Llamó a Dani.

—Hola, soy Lisa.

—¡Hola! ¿Cómo estás?

—Bueno... acabo de abrir una carta y TE ARRESTARÁN SI NO ESTÁS AQUÍ EN 20 MINUTOS.

No pasó nada porque Lisa llamó al número que aparecía en la carta, pagó a la imprenta los EUR 14 (aproximadamente USD 15) y no apareció ningún cobrador de deudas; pero este es el tipo de cosas de las que se necesita estar al tanto cuando tu negocio comienza a despegar, porque aun los montos más pequeños pueden afectar tu calificación crediticia, como lo descubriríamos más tarde. Lo gracioso era que el trabajo encargado a la imprenta que había generado la deuda era un letrero para el escritorio que decía "Mi posición favorita es la de CEO". Desopilante.

Niki y Dani eran conocidos en nuestro círculo de amigos como los chicos que vendían cepillos plásticos para el cabello, y ahora también nos estaban ayudando a nosotros con el negocio de *hair ties* para el cabello. Lisa me contó que, en aquel momento, a pesar de que creía que las invisibobbles eran en cierta forma geniales, a la vez pensaba que eran bastante feas. Los colores eran horribles (la Submarine Yellow no era un *best-seller*) y la forma era rara ("¿Por qué llevarías un llavero en tu cabello?").

Tal como sucede con muchas de las nuevas modas que en un principio creemos que son espantosas —como las camisetas de neón, los zapatos de plataforma y las zapatillas gigantes—, una vez que las personas se acostumbraron al aspecto de las gomas, comenzaron a volverse *cool.* La gente, además, empezó a usar invisibobbles en sus muñecas, algo que, en palabras de Lisa, es un espacio de publicidad muy efectivo ya que todos pueden verlas.

Tuvimos también una idea para hacer que nuestro producto fuera completamente diferente a cualquier otra goma para el cabello que existiera en ese momento, algo que nunca antes se había visto y que sentí que sería fundamental para el éxito de invisibobble: nuestro packaging.

Como ya dije, las *hair ties* habían sido siempre un producto poco querido, y nosotros estábamos vendiendo nuestras invisibobbles en esas bolsas plásticas transparentes tipo Ziploc que no se veían muy bien. Sabía que debíamos hacer algo para lograr que se destacaran, por lo que en las vacaciones de verano comencé a hacer pequeñas cajas cuadradas y rectangulares de cartón en las que entraban 1, 3, 6, 10 o 50 invisibobbles.

Quería usar las cajas de cartón como modelo para una versión transparente, con la idea de que se vieran adorables, como golosinas. Tan solo ese aparentemente pequeño cambio en la forma en que se vendían las *hair ties* resultó ser un inmenso punto de inflexión y algo que nos ayudó a ser hoy en día una marca rentable, icónica y reconocida.

Nuestro packaging ayudó a darle personalidad a invisibobble. Podíamos usarlo para poner nombres divertidos, así que en lugar de *verde* podíamos tener "mint to be"[15] o en lugar de *rosado*, "blush hour"[16], y podíamos usar los seis lados del cubo para ser creativos y explicar por qué nuestras gomas para el cabello eran diferentes.

Al mismo tiempo, pensamos que podríamos hacer algo divertido con nuestros exhibidores en las peluquerías. Un fin de semana en que fui a visitar a Felix en Bath pasamos todo el tiempo recortando cajas de cereales y transformándolas en el exhibidor ideal. Finalmente, llegamos a una versión cuadrada con escalones de cartón en los que entrarían 24 de nuestros adorables cubos de empaque; es casi el mismo diseño que usamos hoy. Hallamos al fabricante de nuestros exhibidores en internet e hicimos un primer pedido de alrededor de 300 unidades. Todavía trabajamos con el mismo proveedor, e invisibobble se convirtió en su mayor cliente.

Felix y yo estuvimos contactando a distribuidores en el Reino Unido y logramos organizar una reunión con un tipo de un pequeño pueblo al norte de Inglaterra del que jamás habíamos oído hablar. Los distribuidores son absolutamente cruciales para empresas como la nuestra, porque tienen redes de minoristas y peluquerías a los que les venden; conseguir la distribución correcta, sin duda, ayuda a crecer.

Tomamos el tren hacia el norte la noche antes de nuestra reunión y nos sentamos en la pequeña cama de nuestra habitación de hotel para ensayar lo que diríamos. Fuimos a WHSmith[17] y compramos la pluma fuente más lujosa posible creyendo que nos haría ver más adultos y profesionales que un bolígrafo de plástico. Imaginamos un escenario al estilo de *Dragon's Den* o *Shark Tank* en el que cuatro empresarios estarían sentados en una sala con expresiones de entusiasmo en sus rostros y un fondo de ladrillos a la vista mientras nosotros, de pie, dábamos un discurso de venta sobre nuestras gomas

15. En inglés, juego de palabras entre *meant to be*, 'predestinado' y *mint*, 'menta'. *(N. del T.)*
16. En inglés, juego de palabras entre *rush hour*, 'hora pico' y *blush*, 'rubor'. *(N. del T.)*
17. Conocida cadena de tiendas minoristas de Gran Bretaña. *(N. del T.)*

plásticas para el cabello. Después de nuestra presentación, ellos pelearían para ver quién invertiría en el proyecto.

No fue así en absoluto.

La reunión transcurrió en una pequeña habitación no calefaccionada y la única persona de esta empresa de padre e hijo que apareció fue el hijo. Sin embargo, el hijo parecía bastante optimista con respecto a invisibobble. Finalmente, llegó el padre.

—Hey, soy Peter —dijo—. ¡Vaya! Qué frío. ¡Tendré que sentarme sobre mi abrigo!

Dijo esto usando su acento del noreste, que por momentos nos costaba mucho entender. Hubo muchas expresiones de este tipo durante la presentación.

La mayor parte del tiempo no pareció estar interesado en nosotros en absoluto. Y, por cierto, ¿por qué lo estaría, considerando que nuestro producto tenía un aspecto tan extraño y un precio de venta mayor al de las gomas comunes para el cabello? A pesar de esto, mientras más hablábamos, mejor comprendía que realmente habíamos pensado en el concepto y que lo que ofrecíamos sería una manera sencilla de lograr que su equipo pudiera ganar dinero extra vendiendo invisibobbles junto con sus champús y otros productos para el cabello conocidos en la industria como "líneas húmedas". Para el final de la reunión, Peter se disculpó por sus quejas y por el frío, y dijo que creía que realmente teníamos algo entre manos. El caballero y su hijo en el noreste firmaron para ser nuestros distribuidores en la región.

Aún teníamos 19, pero honestamente aparentábamos tener unos 15 años (la pubertad había llegado un poco tarde) y creo que nuestra apariencia, en ocasiones, hacía que la gente no nos tomase muy en serio. Nos sentíamos ridículos al pensar que éramos niños haciendo una presentación para adultos. Consideramos que nuestra edad debería, al menos, comenzar con un dos; así, de repente, nos encontramos diciendo que teníamos 22 años.

No siempre nos creían. En esos casos debíamos dar marcha atrás y admitir que aún éramos adolescentes. Sin embargo, las reacciones de la gente solían ser positivas desde un principio, y todavía hoy mantenemos algunas de esas primeras relaciones. El tipo que fabrica nuestro packaging de plástico transparente dice que cuando comenzamos a trabajar juntos sintió que éramos sus nietos.

Si bien teníamos nuestro packaging, nuestra presentación y algo parecido a una oficina en Múnich, ya que New Flag nos permitía tener allí un escritorio, todavía llevábamos apenas unos meses al frente de invisibobble (en este momento nos encontrábamos más o menos en otoño de 2012) y éramos un emprendimiento emergente muy rudimentario. Felix y yo asistíamos a reuniones con distribuidores, hacíamos más pedidos con nuestro proveedor de Alibaba y destinábamos tiempo a enviar packs de productos. Luego, volvíamos a la universidad para intentar ponernos al día con nuestros estudios, pero, siendo realista, a estas alturas diría que pasaba el 80% de mi tiempo haciendo cosas de invisibobble y el 20% estudiando. No era un buen equilibrio; de hecho, no era un equilibrio en absoluto. Hubo montones de noches en las que me desperté a las 3 de la mañana sintiendo pánico, o bien por una fecha límite para la entrega de un ensayo, o bien por pensar en si invisibobble crecería para convertirse en algo y cómo podríamos hacer que eso sucediera.

Al ser nuestros productos tan pequeños, Dani y Niki hallaron un lugar para las cajas en el depósito que tenían en las afueras de Múnich, y los cargamentos llegaban allí desde China antes de ser enviados a nuestros distribuidores por el administrador de almacenamiento de New Flag.

Hacia el final de 2012, nuestro primer año en el negocio, obtuvimos ingresos por alrededor de USD 90.000 y éramos rentables. Definitivamente no estábamos pagándonos un salario, debido a que reinvertíamos todas las ganancias en invisibobble para comprar más stock.

El feedback que recibíamos por el producto seguía siendo muy variado. Podríamos habernos dado por vencidos (y muchas veces la gente lo hace), pero a pesar de que algunas personas pensaban que las invisibobbles eran ridículas, nos mantuvimos firmes.

En este punto, Felix todavía debía confiar en mí con respecto al potencial de nuestras gomas para el cabello, porque eran un producto enfocado en el público femenino y porque las gomas en sí eran mi pasión. Nosotros decidimos seguir adelante, y nuestro objetivo para 2013 fue volvernos internacionales. ¡Hurrah!

6.
Una fuga de agua en Leamington Spa

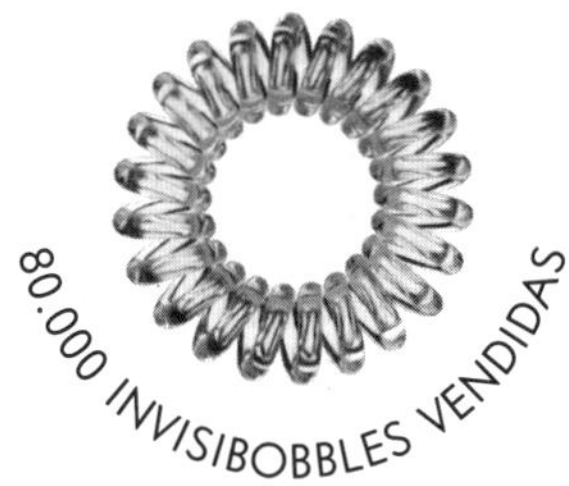

LO QUE APRENDÍ:

- **El vómito puede activar los detectores de humo.**
- **Conoce a tu comprador: la preparación es clave a la hora de reunirse con minoristas.**
- **Crear tu propia empresa es una de las cosas que más ansiedad pueden provocarte en la vida.**

Nos llevó un tiempo llegar al packaging adecuado, pero para marzo de 2013 ya usábamos nuestras adorables cajas cúbicas de plástico para 3 unidades y las presentábamos en las peluquerías usando nuestros exhibidores de cartón para 24 cajas. Vendíamos las cajas en Alemania por unos USD 5,50. En el Reino Unido se vendían por USD 6.

A pesar de que obtuvimos ingresos razonables en nuestro primer año, aún éramos bastante pequeños. Por medio de nuestro vínculo con New Flag, con quienes operábamos básicamente como una compañía unificada, estábamos en peluquerías del Reino Unido y de Alemania, pero las invisibobbles seguían siendo un producto de nicho. Necesitábamos un comerciante minorista.

Dani y Niki nos habían contactado con una gran cadena de farmacias de Gran Bretaña; nos dijeron que estaban "algo" interesados, pero en realidad les entusiasmaba más la idea de que nos convirtiéramos en sus proveedores y vender nuestras *hair ties* bajo una marca propia.

Se habla de marca propia —o marca privada— cuando una tienda crea su propia versión de algo. Así, por ejemplo, Tesco (la cadena de supermercados más grande de Gran Bretaña) vende botellas de kétchup Heinz por alrededor de USD 3,40, pero también vende botellas de kétchup con la marca Tesco por más o menos USD 1,20. Es probable que Tesco tenga un fabricante que hace una variedad de productos para su rango de artículos de marca propia, y la estrategia es, generalmente, la de venderlos más baratos que los de las marcas conocidas.

Detrás de esto hay mucha psicología involucrada. A menudo, las personas compran el producto de marca, como Heinz, en lugar de la versión de marca propia debido a que hay una percepción de que los productos de marca son de una calidad superior. Esto puede deberse a las campañas de publicidad o a que las personas piensan que los productos de marca, como Heinz, son mejores simplemente porque son más caros.

No queríamos que nuestras *hair ties* se convirtieran en un producto con el sello de una tienda, algo que podrían vender con una etiqueta propia abrochada a un cartón como cualquier *hair tie* común y corriente. Parte de la idea detrás de invisibobble era cambiar por completo la categoría de accesorios para el cabello y convertir nuestro producto en algo que las personas estarían orgullosas de comprar, haciendo que se viera diferente y presentándolo de una manera totalmente nueva.

En todos los lugares a los que íbamos, los minoristas nos decían que estábamos locos por siquiera pensar que habría alguna remota posibilidad de vender este producto en donde fuera. ¿Por qué alguien gastaría USD 8 (que es el valor al que vendemos hoy invisibobbles en EE. UU.) en *hair ties* de plástico cuando podía fácilmente conseguir 20 *hair ties* comunes por USD 3?

De todas maneras, la cadena británica aceptó tener una reunión con nosotros. Para que invisibobble pareciera una empresa más formal, Dani y Niki nos acompañaron. Si bien seguíamos pareciendo niños pequeños, al menos Dani y Niki aparentaban ser niños un poco más grandes que nosotros.

La oficina principal estaba en una pequeña ciudad del centro de Inglaterra, y muchas de las personas que vivían allí trabajaban para la compañía. La central era impactante: se veía muy corporativa y abrumadora. Nos hizo sentir, a nosotros y a nuestros productos, aún más chicos de lo que éramos.

A medida que nos acercábamos a la recepción, pudimos ver la parte superior del monitor de una computadora y un montón de cabello oscuro y brilloso ajustado en un rodete alto con forma de dona. Tenía el tamaño de una pelota de futbol para niños. Me acerqué algo nerviosa y el rodete se alejó del monitor para revelar un rostro redondo y amigable que, evidentemente, había sido sometido a una larga sesión de decoración aquella mañana. Dije quiénes éramos y ella lo escribió en el teclado de su computadora usando las uñas más largas que vi.

—Siéntate, cariño —dijo—. Tu comprador va a recibirte pronto.

Nos sentamos, sintiéndonos las personas más jóvenes e inexpertas del lugar. Había una atmósfera de eficiencia corporativa, con mujeres que usaban faldas de tubo azules y tacones de media altura para reunirse con vendedores de los mayores fabricantes de cosméticos del mundo. Pertenecían a compañías como Procter & Gamble, que crean marcas de miles de millones de dólares como Olay y Pantene, y L'Oréal, que posee todo, desde Maybelline hasta Lancôme. La mayoría de quienes aguardaban para entrar a reuniones eran personas de mediana edad que vestían trajes de negocios, y formaban parte de este tipo de empresas que venden maquillaje, champú, pasta dentífrica, pañales, analgésicos, cuchillas de afeitar, perfumes, tinturas para el cabello, desodorantes y todo tipo de lociones y pócimas a gran escala.

Para ellos, el objetivo era conseguir posicionar la mayor cantidad posible de productos en las estanterías, comprando espacio de exhibición por metro para poder dominar la categoría. Si observan la sección de pasta dentífrica en cualquier supermercado o cadena de farmacias, comprenderán lo que digo.

Las relaciones con los compradores de comercios minoristas son críticas para una marca: ellos son quienes deciden vender los productos y cuánto espacio de exhibición darles. Si los productos no se venden bien, los equipos de compra pueden amenazar con retirarlos, y los fabricantes pueden tener que responder con una gran campaña publicitaria para mover más productos o reducir su precio. Los compradores tienen poder, y conocer a uno de una gran cadena minorista con más de 2.000 comercios en el Reino Unido era algo muy importante para nosotros.

Representando a nuestra pequeña marca con nuestra versión *cool* de la elegancia, blazers y jeans oscuros, realmente sobresalíamos. No hubo que esperar demasiado hasta que vino a buscarnos nuestra compradora, una chica de entre 20 y 30 años, muy capaz, llamada Julie. Caminamos por un pasillo repleto de salas de reunión y nos sentó afuera de una de ellas "para tener una charla".

Su actitud era firme y eficiente. A menudo las grandes cadenas se enfocan en las operaciones y en asegurarse de que las cosas lleguen del punto A al punto B en la cantidad adecuada y en el tiempo correcto, y necesitan también asegurarse de que los proveedores vayan a poder cumplir con sus requisitos.

Intentamos tomar todo eso en cuenta para nuestra presentación, que era muy detallada en cuanto a las cifras. Si bien fue rigurosa, nuestra compradora también fue amigable, y comprendió que éramos una compañía joven con un producto nuevo. Se mostró positiva y dijo que nos contactaría con la posibilidad de hacer una prueba.

Volvimos a la universidad sintiéndonos optimistas, pero debimos ponernos serios para ocuparnos de nuestras tareas académicas. No podía dejar de pensar en si estos empresarios minoristas le darían una oportunidad a invisibobble, lo que era muy emocionante, pero a la vez tenía libros por leer y vocabulario de administración que entender. Algunos días la cabeza me daba vueltas por la cantidad de trabajo, y fueron muy pocas las ocasiones en las que me sentí en verdad relajada. El estrés estaba comenzando a acumularse.

Un par de meses después, durante las vacaciones de Pascuas, estaba en una montaña en Suiza con algunos amigos de la universidad. Habíamos ido a esquiar por un par de días y estábamos tomándonos un descanso para almorzar. Sonó mi teléfono. Era Felix. "¡Confirmaron que quieren hacer un pedido de invisibobble!", dijo.

Mis ojos se llenaron de lágrimas y dejé la mesa disculpándome. Caminé hacia un punto a la vuelta de donde estaba y solté un pequeño grito. Un minorista enorme, inmenso, había accedido a vender invisibobble. No podía creerlo. Volví a ponerme las gafas de sol y regresé con mi grupo. "¿Sucedió algo malo?" preguntó uno de mis amigos. "Estoy bien", respondí. No dije nada más.

No quise contarle sobre el pedido a ninguno de mis amigos por un par de razones. En primer lugar, porque no quería que pareciera que estaba alardeando para recibir atención. Además, todos estaban preocupándose por sus exámenes y por qué promedio general[18] (una forma de comprender qué tan alta o qué tan baja fue tu puntuación en los exámenes) obtendrían, así que hablar sobre invisibobble no parecía interesante ni relevante, y probablemente resultaría en respuestas silenciosas y rostros inexpresivos. Era más sencillo no decir nada.

Más que un encargo concreto, una confirmación de pedido es simplemente una declaración de que un minorista desea vender tu producto en sus tiendas. A partir de ese punto deberíamos negociar cuántas tiendas venderían invisibobble e intentar persuadirlo de aceptar la mayor variedad de colores posible. Era la primavera[19] de 2013, las invisibobbles llegarían a las tiendas en octubre y despacharíamos el pedido al minorista cerca de agosto. Hasta ese momento solo se había vendido nuestro producto en peluquerías, y, por eso, conseguir un pedido de un minorista del Reino Unido con alcance nacional era una noticia muy emocionante.

¡Apenas habían pasado 15 meses desde la noche en que había sujetado mi cabello con un cable telefónico y ahora podríamos abastecer a un minorista nacional! Pero aún sentía que debíamos aclarar nuestras ideas y acelerar la marcha.

Eso resultó ser difícil. Nunca antes había tenido una crisis nerviosa, pero en ocasiones llegas a un punto en tu vida en el que la curva de ansiedad se dispara hacia arriba y pasas raspando por el abismo de que todo se desplome. Luego recuperas la compostura y, gradualmente, vuelves a bajar la curva hacia la normalidad. Durante mi segundo año en la universidad pude sentir cómo iba escalando esa curva. Me desesperaba a las 3 de la mañana sin lograr volver a dormir. No podía concentrarme, no podía comer y bajé de peso. Cada vez que alguien me molestaba con cualquier cosa, me ponía a llorar, y no suelo ser así en absoluto.

18. En inglés, GPA (*Grade Point Average*) *(N. del T.)*

19. En el hemisferio norte, la primavera se extiende entre el 21 de marzo y el 21 de junio *(N. del T.)*

En mayo de 2013 los exámenes estaban cerca. Nos encontrábamos en las negociaciones finales con la cadena de farmacias y estábamos, a la vez, trabajando con diferentes distribuidores. Teníamos otros dos minoristas británicos interesados, y la combinación de todas esas cosas se estaba volviendo demasiado pesada.

Cuando comienzas a enviar pedidos a distribuidores, no tener noticias es una buena noticia. No recibes elogios por lo que haces bien. El silencio es el mejor halago. Sin embargo, comenzamos a recibir quejas por la calidad, o por envíos que llegaban tarde, y se sentía como si la gente estuviera diciendo "eres un pedazo de mierda, tus productos son una mierda, ¿por qué son tan caros?".

Es muy diferente hacer un envío retrasado a un gran distribuidor que a una peluquería que hace un pedido en línea, porque en el último caso, lo peor que puede pasar es tener un cliente enojado. Con una empresa de distribución es algo como "¿qué demonios estás haciendo?". Y en nuestro caso, ellos eran un millón de veces más grandes que nosotros.

Lo cierto es que cometimos errores. Pasamos de no ser nada a tener distribuidores y recibir pedidos por parte de un minorista nacional, pero seguíamos haciendo todo solos; y mientras más alto subes, más grande es la caída. Por mucho que estuviéramos aprendiendo y divirtiéndonos, nuestra preocupación era casi constante. Era como una montaña rusa: teníamos picos enormes cuando encontrábamos un nuevo distribuidor o un minorista se interesaba en nosotros, y luego fuertes depresiones cuando volvíamos a caer por algo que había salido mal en el negocio.

Un día alcancé lo que considero el punto más bajo de mi paso por la universidad. Estaba en la biblioteca del campus intentando trabajar, pero no podía debido a que tenía demasiada ansiedad corriendo por mis venas. Venía de una de esas noches de despertarme a las 3 de la mañana, y a pesar de que llevaba muchas horas sin dormir, no había tenido hambre. Sentía el estrés a nivel físico: lo podía sentir especialmente en mis rodillas, y debía ponerme de pie constantemente para agitar mis piernas y hacer que la sensación se fuera. Caminé hasta las escaleras de la biblioteca, me senté y llamé a Felix.

—.N n n n no pue no pue... No puedo seguir haciendo esto —sollocé. Era el tipo de llanto en el que tu rostro se vuelve realmente feo y no puedes respirar. Estaba desconsolada.

—Sí, puedes. Trágatelo. Tienes un examen, como todo el mundo. Y simplemente vas a superarlo.

Eso no era lo que necesitaba oír.

—Vete a la mierda. —Corté.

No podía parar de llorar. Era la clase de sollozo en el que tus hombros se agitan y tu rostro está estrujado y rojo, como si tu cuerpo intentase expulsar algo. Mi cara era la definición de la angustia y el estrés. Tuve que arrastrarme por el campus hacia la parada del autobús y, cuando llegó, me senté durante media hora sin dejar de llorar desconsoladamente. Finalmente, llegué a mi habitación de mierda en mi casa de mierda donde podía continuar llorando feo en paz.

Diría que tenía tanta ansiedad que pasé todo un mes al borde de una crisis nerviosa durante el final de ese segundo año en la universidad.

Felix a veces era muy duro, es cierto, pero no podría haber comenzado el emprendimiento sin él. Atravesar algo así completamente por mi cuenta hubiese sido imposible, porque en la universidad me sentía totalmente sola. Nadie comprendía por lo que estaba pasando, y la gente a menudo se burlaba de invisibobble. "Ja, ja, es una goma para el cabello, ¿qué tan estresante puede ser?". Incluso cuando comenzó a aparecer en las grandes cadenas minoristas, sus reacciones eran del tipo: "Oh, entonces creaste el producto y está en las tiendas, entonces, ¿qué otra cosa tienes que hacer?". Ahora las personas comprenden un poco mejor que invisibobble es mi vida y lo que hago durante todo el día, todos los días, pero aun así hasta hace no mucho seguían preguntándome: "¿Este es tu trabajo de tiempo completo?".

Lo cierto es que Felix y yo nos complementábamos porque su carrera tenía muchas más asignaturas que la mía; algunos días al mes él se dedicaba a trabajar duro en lo académico mientras yo me ocupaba de invisibobble. En mi caso, la carrera era más bien algo como nada, nada, nada y luego la MUERTE durante la que debía tomarme varias semanas por fuera del negocio para concentrarme en mis estudios.

Estábamos llegando al final de nuestro segundo año en la universidad y todos teníamos exámenes. Felix y yo estábamos, además, negociando el volumen de producto que encargaría la cadena de farmacias. Habían accedido a vender invisibobbles de cuatro colores (negro, marrón, blanco y azul) en 250 tiendas. Estábamos muy contentos, pero también muy estresados porque tuvimos que repasar durante las negociaciones, y esto implicaba hacer numerosos viajes al centro de Inglaterra en pleno período universitario. Había mucha administración involucrada en el proceso, y uno de los formularios que debimos completar estaba relacionado con la calificación crediticia de New Flag (por entonces New Flag era dueño del 50% de invisibobble y todo el papeleo incluía su nombre, ya que habíamos decidido que sería la empresa que nos representaría al tratar con distintas sociedades). Llamé a Niki para pedirle el dato.

—No —dijo Niki al otro lado del teléfono.
—¿Por qué no?
—No podemos permitirles verificar nuestro crédito. No funcionará.
—¿Qué?
—Bueno, hubo una factura que olvidamos pagar el año pasado.
—¿Qué factura? ¿Por qué importe?
—EUR 14.

No imaginé ni por un instante que podría llegar a haber un problema con la calificación crediticia, pero ¿recuerdan esa carta que Lisa había abierto en noviembre de 2012 en la que se reclamaba un pago atrasado de EUR 14? Nadie nos había dicho nada al respecto ni a mí ni a Felix porque no creyeron que podría ser un inconveniente, pero lo cierto es que se había convertido en un problema enorme.

Ese único pago olvidado de EUR 14 con el que New Flag imprimió las palabras "Mi posición favorita es la de CEO" en una placa les había costado una baja calificación crediticia, y a pesar de que cancelaron la deuda, la marca negra todavía los afectaba. Debimos, literalmente, conseguir que se involucrara un abogado para solucionarlo. ¡¿Pueden imaginar ser un abogado que pasó años y años estudiando y lidiando con grandes contratos para que de repente un pequeño emprendimiento como el nuestro te pida resolver un problema con una factura de EUR 14?!

No podía mentir en el formulario, por lo que tuve que decir que New Flag tenía una baja calificación crediticia; luego llamé a la cadena de farmacias para explicar lo sucedido. Afortunadamente no tuvieron problema. No tenía idea, pero estos problemas de administración, que en apariencia son pequeños, realmente importan, y tener una baja calificación crediticia hace que los emprendimientos fracasen. A menudo, los fundadores se preocupan por cosas más "emocionantes", como conseguir nuevos clientes, pero también hay que enfocarse en el despiadado costado administrativo. Como ya dije, el diablo realmente está en los detalles.

No solo me despertaban los estudiantes de Leamington Spa que pasaban tambaleándose hacia sus casas por el frente de mi habitación de ventanas muy delgadas en la planta baja, mis compañeros de piso también salían a beber con mucha frecuencia.

Al haber perdido tantas conferencias y clases tenía que ponerme al día con montones de cosas y estaba sintiéndome bastante estresada. Dos de mis compañeros terminaron con sus exámenes un día antes que yo, y les rogué que fueran silenciosos al volver de sus celebraciones porque seguía repasando y necesitaría dormir bien durante la noche.

Mi habitación estaba justo al lado de la puerta de entrada y cerca de la cocina, donde a menudo seguíamos reunidos por un rato al volver de una fiesta. Me acosté temprano y, por las dudas, me puse los tapones para los oídos.

A las 6 de la mañana empezó a sonar el detector de humo.

Me levanté, fui hasta la puerta de mi habitación y la abrí. Me encontré con Tim, uno de mis compañeros, de pie y sosteniendo una margarita.

—Tengo una margarita para ti —dijo dándome la flor, aún de pie, en diagonal a mi puerta.

—Tim, no es gracioso. Hoy tengo un examen. Te pedí que fueras silencioso. ¡Vete a la mierda! —grité, con las manos en mis oídos por el ruido que estaba haciendo la alarma del detector de humo.

La alarma siguió sonando, pero no había humo en ningún lado. De repente empezó a salir agua del detector y Tim, borracho, lo tomó y lo arrancó por completo del techo. El agua no se detuvo y como arriba había un baño, corrí para ver si alguien había dejado la ducha abierta o si estaba rebalsando.

La ducha estaba cerrada pero el baño olía a vómito alcohólico. Resulta que Charlotte, otra de mis compañeras, también había terminado sus exámenes el día anterior y se había despertado en la mitad de la noche sintiéndose mal después de una noche de festejos. No llegó al inodoro, entonces vomitó en su lavabo, y abrió por completo los grifos para que no se tapara el desagüe.

No fue una buena idea, todo se había rebalsado, el líquido había atravesado el techo hasta llegar al detector de humo y así, a las 6 de la mañana del día de mi examen final, tuve que navegar entre el agua de vómito en nuestro pasillo y dos compañeros completamente ebrios e inútiles.

Este era el tipo de cosas que sucedían todo el tiempo; había un fuerte contraste con respecto a las reuniones corporativas a las que asistía por invisibobble, en las que a veces pretendía ser una mujer supermadura de 22 años con una marca internacional de *hair ties*. Lo cierto es que estaba lidiando con agua de vómito, haciendo un delicado equilibrio entre mis conferencias y clases e intentando evitar un ataque de nervios.

Luego de un mes de que terminara mis exámenes de segundo año, la curva de ansiedad bajó un poco, y ese verano Felix y yo teníamos otro proyecto por el cual preocuparnos: el palé.

7.
El palé en la acera

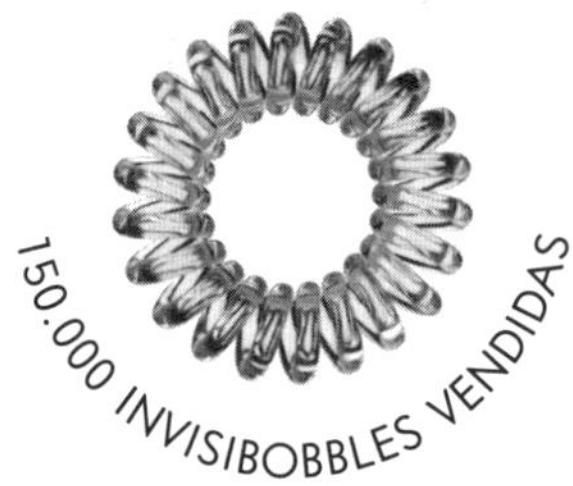

LO QUE APRENDÍ:

- **La distribución y el envio minoristas son cosas superminuciosas, superimportantes y superdifíciles para adolescentes y para cualquier persona.**
- **Hay millones de acrónimos relacionados con el transporte y *Urban Dictionary* no ofrece ninguna ayuda.**
- **Es de vital importancia leer y entender las instrucciones de los clientes para evitar multas.**

Después de todas nuestras negociaciones, recibimos un e-mail de la cadena farmacéutica británica que confirmaba el pedido: consistía en un palé de invisibobbles.

Si no saben lo que es un palé, bueno, nosotros tampoco lo sabíamos. Resulta que es una base sobre la que colocas tus cajas de productos para que puedan ser transportadas en forma segura. Están hechos de varias piezas paralelas de madera o plástico soportadas por tres piezas más gruesas por debajo. Tienen una forma más o menos cuadrada, miden alrededor de ocho pulgadas[20] de profundidad y

20. 1 pulgada equivale a 2,54 cm.

están diseñados de modo que permite que las carretillas o montacargas puedan recogerlos y moverlos por los depósitos. Se deben embalar los productos sobre esos palés usando medidas precisas para asegurar que entren en los montacargas, en los camiones y en las estanterías de los depósitos.

Los palés son ciertamente algo importante. Hay una industria específica dedicada a ellos con empresas enteras que solo hacen cosas con palés. Los fabrican, reparan, administran, proveen, reacondicionan y reciclan, los hacen a medida y proveen servicios de adquisición de palés.

No hay nada demasiado divertido acerca de los palés, aunque desearía que lo hubiera.

Los palés llevan una construcción relativamente simple, pero hay cerca de 20 formas y tamaños diferentes que para una persona común y corriente se ven muy similares. Los minoristas trabajan con distintos tipos de palés, por lo que debes asegurarte de estar usando los correctos porque, como lo descubriríamos nosotros, puedes recibir multas por todo tipo de equivocaciones. Nunca sabes qué cosas terminarás haciendo cuando comienzas una nueva empresa, pero jamás creí que añadiría a mi currículum "experta en embalaje de palés".

El minorista había encargado un palé, y dependía de nosotros embalar en ese palé la mayor cantidad posible de cajas de *hair ties* invisibobble antes de sellarlo y enviarlo. Sencillo. Estábamos encantados con el encargo, por supuesto, pero enseguida comenzaron a llegar e-mails con formularios interminables que debíamos llenar con cosas que se veían así:

MOQ[21]
Lote interno
Lote externo
Tipo de palé
EAN22

Luego había un renglón de acrónimos de tres letras.

21. Por sus siglas en inglés, *Minimum Order Quantity* ('cantidad mínima de pedido') *(N. del T.)*
22. Por sus siglas en inglés, *European Article Number* ('número de artículo europeo') *(N. del T.)*

EXW / FCA / FAS / FOB / CFR / CIF / CPT / CIP / OAF / DDU / DDP / DES / DEQ / - indicar según sea apropiado.
LOL. OMG. WTF?[23]

Comenzamos a googlear.

EXW = Ex Wife[24]
FCA = Fat Chick Attitude[25]
FAS = To Fail[26]

A pesar de que eran graciosas, las sugerencias de *Urban Dictionary*[27] no servían de mucho (sin duda un palé "con actitud de chica gorda" no era una opción real), así que pasamos mucho tiempo descifrando todos los acrónimos con la ayuda de Wikipedia y un glosario en línea. Esos acrónimos de tres letras son términos relacionados con el transporte, e indican quién es responsable de cada cosa y en qué punto los bienes pasan a ser responsabilidad del comprador.

Lote interno y lote externo hacen referencia al número de paquetes por caja pequeña y el número de cajas pequeñas por caja grande, y EAN significa 'número de artículo europeo', algo que se relaciona con el código de barras.

Nunca antes necesitamos llenar formularios como este. Las peluquerías no requerían códigos de barra ni de seguimiento; con los minoristas, en cambio, todo debe ser documentado con códigos para que puedan monitorear el stock.

Completar toda la información de transporte correctamente fue —y sigue siendo— crucial para conseguir que nuestros pequeños packs de invisibobbles llegaran de la fábrica en China al transporte indicado (por entonces todavía enviábamos nuestros productos por vía aérea), luego fueran entregados en el puerto europeo indicado y, finalmente, cargados al camión indicado para ir al centro de distribución indicado en el momento indicado. Los paquetes

23. Estos tres acrónimos corresponden a expresiones populares en inglés: *LOL* es "*Laughing Out Loud*" ('riendo en voz alta'); *OMG* es "*Oh My God*" ('oh por Dios'); y *WTF* es "*What The Fuck*" ('qué demonios/qué mierda') *(N. del T.)*.
24. En español, 'exesposa' *(N. del T.)*.
25. En español, 'actitud de chica gorda' *(N. del T.)*.
26. En español, 'fallar' *(N. del T.)*.
27. *Urban Dictionary* es un diccionario virtual y colaborativo dedicado al vocabulario coloquial y las expresiones, frases y palabras provenientes de la cultura urbana y las redes sociales.

deben tener el tamaño y peso indicados y las etiquetas indicadas para llegar a donde deben llegar. Todo debe ser exacto.

Bien. Conseguimos, entonces, un proveedor de palés en Amazon e hicimos enviar uno a la casa de los papás de Felix en Múnich, a donde fuimos a pasar las vacaciones de verano (debido a que el "depósito" era un cuarto pequeño donde no había espacio para ensamblar palés). Antes de que pudiéramos llenarlo, debíamos colocar nuestras invisibobbles en su adorable packaging de plástico transparente, de a tres por pack. Hoy en día nuestro packaging cambió ligeramente para permitir que una máquina pueda armarlo, pero en aquel entonces los packs llegaban sin armar. Felix y yo jugábamos un juego en el que intentábamos llenar la mayor cantidad de cajitas posible con invisibobbles en un tiempo determinado. Casi siempre ganaba Felix, pero a mí en verdad no me molestaba. Era solo una manera entretenida de llevar a cabo una tarea muy rudimentaria.

Llevamos un palé al sótano y nos divertimos mucho haciendo entrar nuestros pequeños packs de tres invisibobbles en las cajas y luego en el palé, asegurándonos de poner una mezcla de colores en cada hilera. Cuando terminamos de apilar cuidadosamente las cajas alcanzaban una altura de seis pies[28] y un ancho de poco más de tres pies.

No solo debíamos lograr hacer que entrara la mayor cantidad posible de packs en ese primer palé, sino que, además, debíamos envolverlo con cuidado para que llegara completo e intacto a destino. En los depósitos suele haber una máquina de film transparente que se ocupa de hacer esto, pero nosotros no contábamos con esos lujos. Envolvimos minuciosamente el palé entre los dos usando rollos que compramos en el supermercado. Embalar ese palé fue la actividad del día, y nos felicitamos por haberlo logrado.

Luego el papá de Felix bajó al sótano.

—¡Acabamos de armar nuestro primer palé! —dijo Felix.

—¿Cómo van a sacar eso de aquí?

—¿Eh?

—Es mucho más grande ahora que cuando lo bajaron.

Habíamos entrado el palé de plástico vacío hacia el sótano cargándolo

28. 182,88 cm (1 pie equivale a 30,48 cm).

de costado, pero ahora que estaba lleno definitivamente no cabría por las escaleras ni atravesaría la puerta.

—¿Cuántos packs hay allí dentro? —preguntó el papá de Felix.

Había 19.200 packs de 3 unidades, lo que significaba que había exactamente 57.600 *hair ties* invisibobble en nuestro palé.

Mierda.

Creo que ese fue el momento en el que me sentí más estúpida en toda la historia de la empresa. Tal vez en toda mi vida. Tuvimos que desenrollar el film transparente y desembalar los 19.200 packs en el sótano para luego transportar todo a la acera, porque no había otra manera de pasar el palé completo por la puerta. Afortunadamente era un lindo día, y hacer todo por segunda vez nos llevó menos tiempo. Cuando terminamos, nos sentamos a esperar la llegada del camión que habíamos contratado para que retirara el pedido. Llegó, levantó nuestro precioso palé con un montacargas y partió.

Nuestros 19.200 packs de invisibobbles iban rumbo a ser vendidos en uno de los mayores minoristas del Reino Unido.

Se sentía como cuando empacas una maleta con todas tus cosas favoritas para irte de vacaciones y le dices adiós en la cinta transportadora del aeropuerto, esperando que no sea un adiós para siempre y que llegue intacta al otro lado. Cada una de las 57.600 *hair ties* era para nosotros como un pequeño bebé, y todo lo que podíamos hacer era esperar que sobrevivieran al viaje desde Múnich hasta un centro de distribución en algún lugar de la isla de Gran Bretaña. Sin duda, la civilización occidental era capaz de transportar en forma segura nuestros 19.200 bebés de un lado al otro del canal.

Un par de días más tarde recibimos un e-mail.

Mail De: Equipo de logística
Para: invisibobble
Enviado: Jue 11 de julio de 2013, 12:53 p. m.
Asunto: Rechazo de entrega

Esta es una notificación generada en forma automática para informar que la entrega de los siguientes productos ha sido rechazada.

Ref: INVISI-BT124567AJ

Invisibobble: Surtido mixto

Unidades: 19.200

Detalle: Incumplimiento de tiempo de entrega

Contacte a los servicios de entrega al número 0330 184 576 mencionando el número de referencia indicado arriba.

No responda a este e-mail. La casilla de correo no es controlada.

La entrega había sido rechazada.

Nuestros 19.200 packs de invisibobbles, 57.600 *hair ties* que se venderían por cerca de USD 118.000, habían sido rechazados.

Resulta que contratamos el tipo incorrecto de empresa de logística para entregar nuestro palé. Hay una gran diferencia entre las compañías que pueden hacer una entrega en una fecha determinada y aquellas que pueden hacerlo dentro de una franja horaria particular de 30 minutos, que es lo que requería el minorista.

Llamé al teléfono que figuraba e-mail y aguardamos en línea unos 20 minutos escuchando la alegre música de espera que se repetía una y otra vez mientras mirábamos el altavoz con Felix, Dani y Niki en su oficina de Múnich junto a la discoteca, sintiendo pánico y preguntándonos a qué lugar del mundo habían ido a parar nuestros preciados 19.200 paquetes.

Una voz femenina, británica y eficiente atendió y nos dijo que, obviamente, deberíamos haber contratado una empresa de logística muy específica que habría sido capaz de hacer la entrega en un horario muy específico. Reprogramamos la entrega y el palé finalmente llegó en forma segura.

Pero dos semanas más tarde recibimos otro e-mail.

El asunto decía "Cagaron su entrega del palé y estas son sus multas de mierda", o algo un poco menos insultante.

A pesar de que nuestras 57.600 invisibobbles habían llegado a destino y creíamos haber hecho todo bien a excepción de lo del horario (había un manual sobre la forma de entrega que pasamos dos semanas leyendo), fuimos multados.

Recibimos una multa porque completamos el formulario de nuestro palé con tinta azul en lugar de negra y los escáneres no pueden leer tinta azul, por lo que había sido necesario que una persona leyera la información.

También recibimos una multa, aun mayor, porque debía haber un espacio preciso de 0,79 pulgadas entre la caja de invisibobbles y el borde del palé, y en nuestro caso ese espacio era de 0,59 pulgadas. Además, recibimos una multa porque entregamos nuestro palé un minuto después de nuestra franja horaria de 30 minutos. Y recibimos una multa porque usamos cinta plástica en lugar de cinta de papel para sellar las cajas grandes, y otra multa porque embalamos el palé un poco mal y el montacargas no podía levantarlo en el centro de distribución.

A nuestros 19 años no lo comprendimos bien, pero este tipo de operaciones logísticas son muy precisas debido a que reciben cosas en el depósito y las envían a tiendas de todo el país. Todo debe suceder sin contratiempos para que las tiendas reciban sus pedidos, las estanterías estén llenas y las personas puedan comprar esas cosas. Si algo entorpece ese proceso y debe involucrarse un ser humano, todo se vuelve más lento, y el tiempo es dinero. Por tanto, multas.

La logística es un tema serio, y lo estábamos aprendiendo de la manera dura. A decir verdad, no siempre fuimos nosotros quienes complicamos las entregas: una vez un camionero estaba llegando tarde; como sabía que no cumpliría con la franja horaria asignada, tiró dos o tres palés llenos de nuestras invisibobbles al costado de la ruta cuando estaba lloviendo, y las cajas de cartón se deshicieron. En ese caso la culpa fue de la empresa de logística, por lo que nos reintegraron el dinero.

Hubo un punto en el que creí que nunca vería invisibobbles en las tiendas debido a todas las complicaciones relacionadas con los palés. Sin embargo, pagamos las multas (nos costaron algunos cientos de euros) y en octubre de ese año vi nuestras primeras invisibobbles en una tienda real, a la vuelta de mi casa estudiantil mal construida en Leamington Spa. Llegar a ese minorista en particular es como un rito de iniciación porque tienen la reputación de solo vender productos de buena calidad. Estábamos encantados con esa primera prueba de fuego.

8.
Cincuenta sombras de rosa

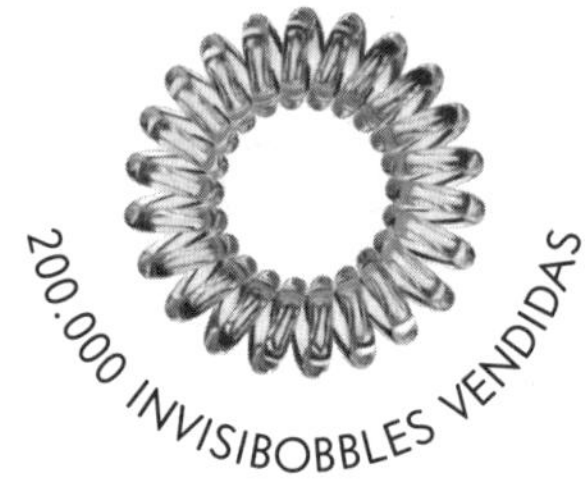

LO QUE APRENDÍ:

- **Siempre siempre debes comprobar todo dos veces y confirmar detalles por escrito con los fabricantes.**
- **La chica de rosa no es tan bonita si es la chica de color blancuzco.**
- **Debes priorizar a la marca, aun si significa que luego habrá peleas.**

Lo que nos costó más de unos cientos de euros en 2013 es lo que llamaré "Cincuenta sombras de rosado". Por aquel entonces, nuestras invisibobbles solo estaban disponibles en colores bien fuertes (redujimos la selección de 27 opciones a 6) y se estaban vendiendo bien. Sin embargo, nuestros distribuidores nos preguntaban todo el tiempo si teníamos invisibobbles rosas, y yo sabía que sería bueno tenerlas. Nos decidimos a encargar varios miles de invisibobbles rosas a nuestro fabricante (originalmente las llamamos "Candy Pink"[29]), las enviamos a nuestros distribuidores y esperamos a que fueran un éxito y llegaran los nuevos pedidos.

29. En español, 'rosa caramelo'. *(N. del T.)*

Sin embargo, un día recibí un mensaje de texto de una peluquera de Alemania con una foto de una especie de invisibobble rara de color blancuzco, diciendo que el día anterior había sido rosa. *¿El día anterior había sido rosa?*

Otras personas empezaron a quejarse también sobre las invisibobbles publicando fotos en Instagram, algo que nunca es bueno. Eran las vacaciones de verano de la universidad, me encontraba en la oficina de Múnich con Felix, Dani, Niki y Lisa, y todo se descontroló. Gastamos mucho dinero en conseguir estas nuevas y populares invisibobbles rosas y ahora, por alguna razón, había invisibobbles blancas, algo que definitivamente no pedimos. Estábamos intentando descubrir qué había fallado; tal vez la fábrica nos había mandado invisibobbles sin teñir por error, o tal vez se habían humedecido de alguna manera. Dedicamos horas y horas a desembalar cajas, llamar al depósito, contactar a los distribuidores y recorrer las redes sociales para ver si había más quejas.

Lisa había puesto algunas invisibobbles rosas en el alféizar de la ventana de la oficina. No había aire acondicionado, las ventanas no se abrían y no había persianas. Hacía muchísimo calor y Lisa apilaba cajas vacías una encima de la otra y hasta la altura en que terminaban las ventanas para tapar la luz ardiente del sol, por lo que había muy poco lugar para otras cosas. Más o menos media hora más tarde nos dimos cuenta de que las invisibobbles rosas estaban varios tonos más pálidas. ¡Se decoloraban por los rayos ultravioletas del sol!

"¿Cómo pudo suceder esto?", pensé. "Tendremos que retirar todas estas invisibobbles desteñidas antes de que salgan más al mercado".

Enviamos un e-mail al fabricante que simplemente respondió que sí, efectivamente el rosa es un color inestable que reacciona a los rayos ultravioletas, pero como no solicitamos añadir protección UV, siguió adelante sin hacerlo. *Por supuesto.*

Si nuestras invisibobbles rosas se volvían blancas a los 30 minutos de estar expuestas a la luz del sol en Alemania, donde el sol es limitado, ¿qué demonios les ocurriría en lugares soleados, como España o Portugal, donde para entonces teníamos distribuidores que, además, las entregaban a peluquerías? Tuvimos que llamar a todos y decirles que dejaran de enviar nuestros productos, pedir a los salones que los retirasen y responder a todas las quejas que llegaron por Facebook, Instagram y correo electrónico. Luego, conseguimos que el fabricante hiciera las invisibobbles rosas adecuadas, con protección UV, y las enviamos nuevamente. Fue una pesadilla que demoramos casi un mes en resolver; definitivamente fue nuestro mayor problema de ese año. Creo que solucionarlo nos costó más de USD 30.000, una porción enorme de nuestros ingresos.

En la misma época en que comenzamos a fabricar invisibobbles rosas decidí que también debíamos producir una versión completamente transparente. Eso iría muy bien con la parte "invisible" de invisibobble. De por sí no dejan una marca en el cabello; una versión transparente se vería muy *cool* y, además, sería casi invisible por completo. Quería llamarla "Crystal Clear"[30]. Felix, Dani y Niki estuvieron muy en contra de la idea desde el principio. Pensaban que se vería como un extraño pedazo de plástico y, además, creían que ocho colores de *hair ties* serían demasiado. Mientras más grande es tu variedad de productos, más caro es producirlos y mayor es la presión de vender todo lo que hiciste.

Obviamente, insistí en que la versión transparente funcionaría al ser neutra y poder verse bien con cualquier color de cabello y, además, sería diferente a todo lo que estuviera en el mercado. Era imposible conseguir *hair ties* recubiertas de tela y transparentes, y me parecía que se convertiría en un punto de conversación cuando las personas llevaran las invisibobbles en sus muñecas.

Crystal Clear resultó ser un *best-seller* inmediato, y no dejó el podio desde entonces. La siguieron las ediciones True Black[31] y Pretzel Brown[32], y luego la Blush Hour Pink una vez que alcanzamos el tono de rosa correcto. Escoger nombres divertidos para los colores también ayudó a darle personalidad a invisibobble.

Un gran acierto fue vender tres invisibobbles del mismo color en cada pack. Para mí, hacer esto da una imagen limpia y ayuda a que el producto se vuelva icónico. Es como cuando mezclas diferentes caramelos y uno de los sabores siempre se deja. Odio los caramelos de naranja, y si veo un paquete surtido que tiene los de naranja, no lo compro. Amo las bolas de chocolate de Lindt (nombre real: trufas de chocolate Lindor) porque puedes comprar una caja entera de un mismo sabor sin tener que preocuparte por los que no te gustan.

---

30. En español, 'transparente como el cristal'. *(N. del T.)*
31. En español, 'negro verdadero'. *(N. del T.)*
32. En español, 'marrón pretzel'. *(N. del T.)*

Creo que sucede lo mismo con invisibobble. Si mezclásemos los colores, los packs empezarían a verse baratos y correríamos el riesgo de que las personas no quieran comprarlos porque no les gusta alguno de los colores. Mantener cada paquete con tres del mismo color significa, además, que los paquetes tienen personalidad y que podemos crear colores de edición limitada. Así es como tuvimos "Hawkwardly Good Looking"[33], una invisibobble verde menta inspirada en un "amigo emplumado" que formó parte de nuestra colección Circus Collection en 2017. Aquella colección también incluía una invisibobble azul, que llamamos "Bad Hair Day? Irrelephant"[34], con un adorable elefante en el pack. Para el Día de San Valentín agregamos frases como "*Roses are red, violets are blue, invisibobbles cost less than dinner for two*"[35].

También sabemos que las personas suelen tener sus *hair ties* en distintos lugares: una en su cabello, una en la cartera y una en su escritorio del trabajo, por ejemplo. Por eso, tres es un número práctico.

Mezclar colores en un mismo pack es de una discusión que tengo desde entonces con nuestro equipo de ventas, porque los minoristas insisten en que lo hagamos; pero yo llevo la futura salud de la marca en el corazón, y sé que no sería lo correcto.

Teníamos la ambición de convertirnos en la marca referente de accesorios capilares, y eso comenzó con la reinvención de las *hair ties*. En lugar de que las personas las vieran como mercancía de la que podían comprar 50 a la vez, intentamos hacer algo que la gente quisiera usar y reutilizar todo el tiempo (una invisibobble recupera su forma original si la sumerges en agua caliente), un producto que fuera tan encantador como funcional. Están hechas de plástico totalmente reciclable, a diferencia de las *hair ties* comunes, que a menudo tienen una barra metálica que las une.

---

33. En inglés, juego de palabras entre *hawk* ('halcón') y *awkwardly good looking* ('incómodamente guapo/a'). *(N. del T.)*

34. En inglés, juego de palabras entre *elephant* ('elefante') y *Bad Hair Day? Irrelevant* ('¿Mal día para tu cabello? Irrelevante'). *(N. del T.)*

35. En español, 'Las rosas son rojas, las violetas azules, las invisibobbles cuestan menos que una cena para dos'. *(N. del T.)*

9.
La gran infiltración de *hair ties*

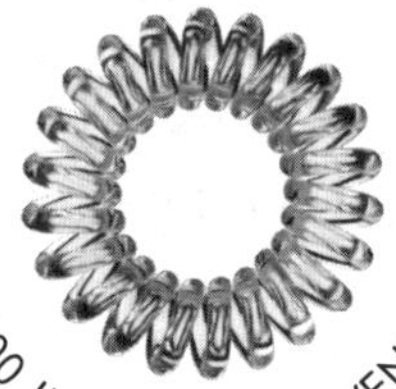

LO QUE APRENDÍ:

- **Enviar cartas e e-mails personalizados a periodistas y blogueros realmente funciona.**
- **No teníamos experiencia. No conocíamos las reglas y las rompimos de las maneras más descaradas.**
- **Las negociaciones con minoristas pueden sentirse como un juego.**

Sabíamos que además de ser un accesorio *cool* que no provocaba jaquecas, invisibobble era también novedosa y se veía muy diferente a cualquier otra cosa que hubiera existido antes.

En Múnich, Lisa había pasado a encargarse del marketing de invisibobble (además de sus tareas de administración para New Flag). Elaboró una lista de todos los periodistas importantes y relevantes en el Reino Unido y en Alemania, y le envió a cada uno paquetes personalizados de invisibobbles. Buscaba imágenes de cada persona, las imprimía, elegía *hair ties* de colores que combinaran con la ropa que usaban y se las enviaba junto con cartas individuales. Me encantaba esa atención al detalle.

Luego acosaba a los periodistas. Llamó a cada uno de ellos; en sus palabras se convirtió en una "gran molestia", pero funcionó. Más o menos el 80%

de ellos aceptaron felizmente su llamada, y cerca del 50% escribieron sobre invisibobble. Eso era algo muy importante.

En 2013 Instagram y YouTube no habían despegado del todo debido a que ser un *influencer* todavía no estaba realmente de moda, pero los blogs sí tenían peso, especialmente en el Reino Unido. Lisa había enviado algunas invisibobbles a Jane Cunningham, conocida como la British Beauty Blogger[36], y ella las reseñó en su sitio web llamándolas "la cosa más práctica que hallarás para tu cabello este verano", con una foto de dos *hair ties* de color rojo vívido.

La British Beauty Blogger tiene experiencia en el periodismo de belleza, es una gran investigadora y muy confiable. Los minoristas se fijan en ese tipo de blogueros conocidos para sumarse a las tendencias en forma temprana. A las 11:40 a. m. del 11 de julio de 2013, justo después de que la British Beauty Blogger escribiera su artículo sobre invisibobble, recibimos un breve e-mail de una reconocida empresa minorista de moda:

Mail De: "Michelle Goldstein"
Para: support@invisibobble.com
Enviado: Jue 11 de julio de 2013, 11:40 a. m. GMT+02:00
Asunto: Cotización de invisibobble

Buenos dias,

Nos encontramos muy interesados en comercializar su producto. ¿Podrian por favor contactarnos?

Gracias,

Michelle Goldstein
Asistente de Ventas - Belleza

¡OH, POR DIOS!

36. En español, 'bloguera británica de belleza'. *(N. del T.)*

Este minorista tenía cerca de 300 tiendas en el Reino Unido con una oficina central en Londres. No podía creer que nos hubiera contactado. A pesar de que era una cadena más pequeña, ser comercializados por ella nos ayudaría a que nuestras *hair ties* pasaran de ser vistas como algo funcional a un artículo de moda. Era, además, un lugar donde me encantaba hacer compras, por lo que el hecho de que quisiera vender invisibobble se sentía como el mayor halago posible.

El único problema era que cuando recibimos el e-mail, Felix y yo no estábamos en el Reino Unido. Nos encontrábamos en Ámsterdam, caminando despreocupados por una acera junto a un canal después de celebrar el cumpleaños de su mamá. Como ya sabemos, Felix ama los detalles y controlaba su BlackBerry cada dos minutos, por lo que a los pocos segundos de que Michelle presionara *enviar*, estábamos saltando en una calle empedrada, gritando de alegría.

Nos detuvimos junto al canal y le respondimos a Michelle organizando nuestro viaje a Londres para conocerla. Luego volvimos al hotel en Ámsterdam para poder prepararnos para la reunión. Adaptamos cuidadosamente la presentación que hicimos para la gran cadena farmacéutica y llamamos a Lisa en la oficina de Múnich para que imprimiera copias a color y las encuadernase de manera profesional, con tapas transparentes. Pedimos a Lisa que incluyera muestras de invisibobble y nuestras tarjetas de negocios antes de enviarnos todo por mensajería a Ámsterdam, justo antes del viaje a Londres que reservamos a último momento.

Pero... el paquete no llegó a tiempo.

No tuvimos más opción que la de dejar el hotel para alcanzar nuestro vuelo hacia la reunión del día siguiente. Fuimos practicando quién diría qué cosa y memorizando todas nuestras cifras y proyecciones de negocios, siempre teniendo en cuenta el tipo de personas que compraban en la tienda: adolescentes a la moda. Íbamos a tener que enviar nuestra presentación a Michelle como un seguimiento después de conocerla, y esperábamos y rezábamos porque nuestro entusiasmo nos ayudase a salir adelante en la reunión.

Antes de encontrarnos con ella, Felix y yo la buscamos y vimos que era una mujer joven, algo que era bueno porque significaba que formaba parte de nuestro público objetivo.

Una de las peores cosas que nos pasaban en los primeros días era descubrir que el comprador de un minorista era un hombre mayor, porque eso volvía la venta más difícil. Ese tipo de comprador nos estudiaba analíticamente, y si no teníamos ventas previas o estábamos presentando un nuevo producto, se volvía mucho más reacio al riesgo. Es por eso por lo que cuando vimos la foto de esta mujer joven y con aspecto de estar a la moda, nos pusimos muy contentos. Felix estaba aun más contento porque era muy atractiva.

La marca de moda era parte de un grupo más grande. El área de recepción estaba repleta de personas que llevaban grandes maletas y percheros rodantes de aquí para allá. El ambiente era juvenil y moderno. Cuando se nos acercó Michelle, Felix quedó boquiabierto, porque llevaba uno de esos vestidos de estilo Herve Leger muy ceñido, corto y con un gran escote, que combinaba con tacones altos y el cabello arreglado; un traje como para un gran espectáculo.

Yo estaba nerviosa, pero intenté parecer relajada, y Felix intentaba cerrar su boca mientras nos sentábamos en una sala de reuniones.

—El producto es adorable —dijo Michelle.

Respiré hondo, lista para mi presentación en la que le contaría a Michelle cómo había inventado invisibobble, cómo alivió mis jaquecas y cómo nuestros clientes amaban usarla en sus muñecas porque se veía muy bien. Luego llegaría el turno de Felix para hablar sobre números.

No habían pasado más de tres minutos cuando dijo:

—Gracias. ¿Cuál es su precio de venta minorista?

Antes de decírselo, Felix se lanzó a hablar de nuestras cifras de ventas y de cómo, a pesar de que él es un hombre, comprendía lo *cool* que eran las invisibobbles, y de cómo los hombres hablaban de nuestras *hair ties* espiraladas cuando las veían en las muñecas de las chicas, y de cómo a pesar de que nuestra empresa era pequeña éramos profesionales en nuestras operaciones, y de cómo ella debería...

—Seguro. ¿Cuál es su MOQ[37]?

37. Por sus siglas en inglés, *Minimum Order Quantity* ('cantidad mínima de pedido'). *(N. del T.)*

El MOQ es la cantidad mínima de pedido; si alguien te lo pregunta, es porque quiere hacer un pedido.

Felix y yo habíamos intentado poner en escena una gran interpretación con nuestra presentación inexistente, pero aquí nos encontrábamos, a los cinco minutos de reunión con la tienda del Reino Unido que estaba más de moda y Michelle, la compradora atractiva, nos estaba preguntando por nuestro MOQ. Ocho minutos después de sentarnos en la sala de reuniones ella encargó 1.000 packs, y luego nos agradeció y saludó camino al elevador. ¡Wow! Chocamos los cinco. Tres mil invisibobbles vendidas en ocho minutos.

Era evidente que Michelle había sido contratada porque tenía un buen sentido de lo que les gustaba a los clientes, y su trabajo era encontrar las tendencias más excitantes para ponerlas a prueba en las tiendas insignia de la empresa. Fue una reunión muy diferente a la que tuvimos con la gran cadena farmacéutica británica, porque Michelle basaba sus decisiones en lo que sentía sobre el producto y se movía con mucha más velocidad.

Llegamos a la reunión muy preparados, con nuestra presentación y cifras listas, pero aprendimos que si alguien te envía un e-mail diciendo "Hola, queremos comercializar tu producto" significa que quiere comercializar tu producto. La compra estaba hecha. Lo mejor que podíamos hacer era concentrarnos en cumplir con el encargo y completar todo ese interminable papeleo.

Esta vez no hubo que armar un palé. En lugar de eso, necesitábamos aprender todo sobre las cajas de cartón. Era bastante claro, pero el minorista tenía una política de "no objetos afilados" en su depósito, esto requería encargar cajas especiales que sellaríamos con cinta de papel para poder abrirlas sin usar cuchillos o tijeras.

En octubre de 2013, las invisibobbles se vendían en tres minoristas británicos: uno que nos daba una sensación de verificación de que nuestro producto funcionaba; otro que nos daba la aprobación de que éramos *cool*; y una tercera cadena, más pequeña, que nos había contactado y nos hacía sentir que nuestro producto era deseado.

Tuvimos, además, un gran avance en Alemania gracias a una nueva forma de vender productos de belleza: una compañía que enviaba cajas con novedades de maquillaje y productos para el cuidado de la piel y el cabello a personas que pagaban una cuota de suscripción todos los meses. Había sido fundada en Berlín en 2011, el mismo año que invisibobble. Quienes estaban felices de pagar por las cajas de suscripción eran el tipo de personas que aman las cosas nuevas, también llamados usuarios pioneros o *early adopters*. Ahora la empresa es masiva, pero por entonces era bastante pequeña (tenía unos 16.000 suscriptores) y era muy *cool*.

Lisa y yo queríamos conseguir a toda costa que invisibobble llegara a esas cajas, y como las *hair ties* son obviamente algo que se lleva puesto, a diferencia de, por ejemplo, un champú, las personas podrían verlas y hablar sobre ellas. Creímos que las cajas serían ideales para nosotros, y deseábamos enviarles 16.000 *hair ties* individuales que se entregarían a 16.000 personas jóvenes y con onda, exactamente el público que queríamos alcanzar.

Los fabricantes de productos para el cabello y el cuidado de la piel proveían sus champús y cremas humectantes en forma gratuita, y a cambio lograban que sus productos llegaran a las manos de quienes marcaban tendencias. Además, recibían feedback, por lo que funcionaba un poco como una forma nueva de hacer estudios de mercado.

Dani y Niki, sin embargo, creían que nos habíamos vuelto locos.

Pensaban que estábamos chiflados debido a la inversión que queríamos hacer, que sería de varios miles de euros, una cantidad enorme para nosotros (Felix y yo teníamos apenas 20 años), y lucharon para que no lo hiciéramos.

Al final fue Felix quien realmente apostó por ello, algo que no era para nada característico en él por aquel entonces. Es la persona que no quiere gastar dinero en nada, ya saben, "¿realmente necesitamos electricidad?", ese tipo de cosas, y creo que hoy estaríamos en bancarrota si no fuera por él, porque habríamos invertido en cualquier cosa de la que no estuviéramos seguros. Sin embargo, las cajas de belleza se sentían como algo que debíamos hacer, y lo fueron.

De repente, invisibobble estaba en todos lados. En todos lados, pero no en los minoristas alemanes. Todavía.

Algunos meses antes, Dani y Niki se habían reunido con un sofisticado minorista alemán de belleza, y estaban intentando venderle el Tangle Teezer. El minorista mostraba interés, pero el precio que quería pagar era demasiado bajo, por lo que Dani y Niki lo rechazaron. En cambio, se dirigieron a minoristas para mercados más masivos y lograron que Tangle Teezer fuera comercializado en más de 2.000 tiendas.

Un día recibieron un e-mail de la cadena lujosa con el asunto "¡Ya dennos el estúpido cepillo de plástico!". Aunque esas no fueron exactamente las palabras. Pidieron una presentación con un detalle de los diferentes colores y tamaños en los que Tangle Teezer estaba disponible, con vistas a hacer un encargo.

Los minoristas son muy competitivos, y si ven que todos sus rivales están adquiriendo un producto en particular también querrán tenerlo, porque no vender ese producto es simplemente vergonzoso. Lisa respondió preguntando si estarían también interesados en ver nuestro nuevo producto, invisibobble. Dijeron que no.

Lisa armó cuidadosamente una presentación en PowerPoint, poniendo en cada diapositiva el logo de Tangle Teezer. Hacia la mitad de la presentación, aún bajo el encabezado de Tangle Teezer, incluyó imágenes de invisibobbles con sus adorables colores y packaging (ignorando que habían dicho no estar interesados) y explicó nuestros característicos ganchos comerciales como el hecho de que no dejan marcas y son amables con el cabello.

Recibió un e-mail de respuesta en el que indicaban que querían hacer un pedido de Tangle Teezers, pero no decían nada sobre invisibobble. Cuando llegó el momento de llenar los formularios necesarios para que el sofisticado minorista alemán comercializara Tangle Teezer, Lisa tuvo una idea. ¿Qué tal si simplemente agregaba en forma discreta invisibobble al pedido?

Hay varios datos de información aburridos que hay que brindar en los formularios de pedido, incluyendo los nombres y colores, cuánto pesan los productos, de qué material están hechos y el código EAN, que forma parte del código de barras.

Lisa completó todos estos detalles para cada tipo de Tangle Teezer (algo también conocido como referencia del producto), y la descripción era algo así:

Tangle Teezer	The Original	Purple Electric	50 gramos
Tangle Teezer	The Original	Coral Glory	50 gramos
Tangle Teezer	Company Styler	Black Gloss	100 gramos

Pero entonces, siendo Lisa, pensó: "Dijeron que no a las invisibobbles, pues bueno, ja, ¡van a recibir invisibobbles!".

Así que incluyó también esto:

Tangle Teezer	invisibobble	Submarine Yellow	10 gramos
Tangle Teezer	invisibobble	Navy Blue	10 gramos

Infiltró invisibobble en el formulario, haciendo que pareciera como si fuera un tipo de Tangle Teezer, tal como lo eran el The Original y el The Wet Detangler.

Todos contuvimos la respiración por un par de semanas.

¿Notaría alguien de la lujosa tienda que el producto invisibobble que habían dicho que no les interesaba había aparecido mágicamente en los formularios?

Luego llegó la orden de compra. Junto con varios miles de Tangle Teezer Originals y Tangle Teezer Wet Detanglers, ¡también habían ordenado varios miles de packs de Tangle Teezer invisibobble! Esto me recordó un poco a mi hermana Louise. Cuando tenía unos cuatro años, se rehusaba a comer cualquier cosa que no fuera pollo. ¿La solución? Mis papás simplemente le dijeron que toda la comida era pollo, y fue una niña feliz.

Por entonces los compradores en la oficina central decidían qué productos deseaban comercializar y los agregaban a un sistema informático. Luego, los encargados de las tiendas individuales hacían sus propios pedidos basados en lo que sus clientes buscaban. Por ejemplo, si era una tienda en un pueblo pequeño, y sabían que las personas allí no usaban mucho maquillaje, pedirían más cremas faciales que lápices labiales.

Cuando las invisibobbles comenzaron a ser distribuidas en las cajas de suscripción y a aparecer en artículos de prensa, los encargados de tiendas empezaron a escuchar hablar de ellas y directamente escribían invisibobble en el sistema de pedidos. Como infiltramos el producto en el encargo, les aparecía en el sistema y podían pedirlo. Y como las ventas resultaron ser muy buenas, nadie del equipo de compras pareció notarlo. ¡Nuestra gran infiltración de *hair ties* había funcionado!

La cosa no terminó allí. Cada pulgada cuadrada en una tienda está asignada, por lo que una de las razones que a veces nos daban los compradores para no comercializarnos era que simplemente no tenían espacio. Este fue el caso con una cadena de farmacias muy grande y reconocida en Alemania, pero en lugar de rendirnos cuando nos dijeron que no, intentamos hacer otra gran infiltración. Notamos que los secadores de cabello estaban dispuestos a lo largo en una estantería alta cerca de los accesorios capilares, y preguntamos si podían disponerlos a lo ancho, de tal modo que el lado más angosto de la caja mirase hacia afuera y así dejara espacio para nuestro exhibidor de invisibobble. En resumidas cuentas, dijeron que sí, y ahora estamos en cada una de sus 2.000 tiendas.

Lisa era la reina de la infiltración de *hair ties*. Contábamos con un presupuesto de marketing muy reducido, por lo que necesitaba escarbar entre todos sus contactos y pensar en cómo conseguir que las invisibobbles llegaran a todas partes en forma creativa.

Era amiga de la novia de Niki de aquel momento, Talia, quien era modelo. Talia tenía un blog de moda en 2013, cuando los blogs recién estaban empezando a tener relevancia y antes de que Instagram realmente despegara, y era bastante influyente. La invitaron a la Semana de la Moda de París y Lisa fue con ella desde Múnich para pasar un fin de semana divertido. La Semana de la Moda de París se lleva a cabo dos veces al año y es uno de los mayores eventos de la industria. El lugar donde los diseñadores más importantes de alta gama del mundo muestran sus colecciones.

Por supuesto, Lisa llevó invisibobbles: creó una calcomanía especial que decía "Fashion Week Edition"[38] y se la pegó a unos 300 packs. Llegaron a París, fueron al lugar del evento muy temprano y se las arreglaron para traspasar la barrera de seguridad juntas, simplemente actuando como si pertenecieran a la organización y tuviesen un trabajo que hacer antes de que el evento comenzara. La actitud de Lisa era una de "bueno, si me atrapan, ¿cuál es el problema?"; de todas formas, no iba a regresar.

38. En español, 'Edición de la Semana de la Moda'. *(N. del T.)*

Lisa entró al lugar y, antes de que alguien pudiera detenerla, sacó sus packs de edición especial de invisibobbles para repartirlos en cada una de las bolsas de regalo que había en las sillas de la primera fila. Y en esas sillas pronto se apoyarían los traseros de algunas de las celebridades y personalidades de la prensa más influyentes del mundo. Luego, repartió packs a la salida del show cuando finalizó, simplemente comportándose como si fuese una promotora oficial.

Después de eso nos dedicamos a recorrer blogs, transmisiones en vivo y revistas para ver si podíamos identificar nuestras *hair ties* en las muñecas o los cabellos de las personas, y cuando encontramos algunas, Lisa usó las imágenes para armar *collages* que enviamos como parte de nuestra campaña de relaciones públicas a otros periodistas y editores. Lisa también enviaba invisibobbles a productores de TV, agencias de talento y agencias de modelos, y llamaba incansablemente a todos para hacer un seguimiento y ver si alguno de sus clientes usaría nuestras *hair ties*. Con el tiempo pudimos verlas siendo usadas por Cara Delevingne y Candice Swanepoel, e incluso vimos a Khloé Kardashian llevando una invisibobble en un episodio de *Keeping Up With the Kardashians*[39]. Evidentemente, mantenerse al día ahora incluía usar una invisibobble.

39. Un popular *reality show* sobre la familia Kardashian. En español, el título puede traducirse como 'Mantenerse al día con las Kardashian'. *(N. del T.)*

10.
El Mercedes y el pasante

LO QUE APRENDÍ:

- **Nunca asumas que la percepción es igual a la realidad.**
- **Diez mil euros en efectivo realmente entran en un maletín.**
- **A veces debes seguir tu instinto cuando se trata de nuevas versiones de tu producto.**

Para mediados de 2013, a menos de 2 años de haber iniciado el negocio, invisibobble se vendía en 5 o 6 países europeos y nos encontrábamos camino a tener presencia en 12 países para fines de ese año.

Suena increíble, pero, en realidad, se debía a que estábamos en un segmento extraño de la industria de los accesorios para el cabello que inventamos para nosotros mismos. Podíamos entrar en las peluquerías, porque teníamos un nuevo tipo de producto que no presentaba un conflicto con los acuerdos de exclusividad que tenían con los proveedores de champú, y era fácil para los distribuidores incluir invisibobble en su catálogo porque era un producto pequeño y ligero. Fácil de vender, fácil de comprar.

También pudimos llegar a las farmacias porque era la época en que comenzaron a vender otras cosas además de medicina. Las farmacias portuguesas, por ejemplo, habían sido hasta entonces lugares a los que las personas iban por la experiencia médica, algo que comenzó con los farmacéuticos vendiendo medicamentos con receta y se extendió a la adquisición de cremas y lociones para tratar determinados problemas de la piel. Si necesitabas un protector solar, pedías consejo a tu farmacéutico local; ellos eran los expertos.

Sin embargo, con el auge de los supermercados que vendían lociones y pócimas además de comidas y bebidas, los farmacéuticos pasaron a tener competencia y se volvieron más flexibles a vender otros tipos de productos. Comprendieron que si una mujer entraba a comprar pastillas para el dolor de cabeza, tal vez podría servirle una *hair tie* antijaqueca. Era increíble lo mucho que estábamos vendiendo en un país tan pequeño como Portugal, y casi todos nuestros conocidos que viajaban a Portugal de vacaciones volvían y decían: "Wow, Portugal fue *invisibobblificado*".

Cuando las personas compran productos para el cabello, en general, son muy exigentes, y por esa razón hay champús para todos los tipos de cabello que se puedan imaginar. Cabello largo, cabello corto, cabello teñido, cabello rubio, cabello canoso, cabello fino, cabello sediento, cabello hambriento, cabello lacio, cabello feliz, cabello triste, incluso cabello que quiere sentir euforia cuando se lo lava en una cascada (ya saben a qué cabello me refiero).

Lo cierto es que estábamos descubriendo que las invisibobbles les gustaban a personas con todo tipo de cabello. Algunas las escogían porque se veían bien, otras porque les gustaba no quedar con una marca de coleta, y otras porque, como yo, agradecían que invisibobble resolviera el problema de las jaquecas.

Nos contactamos con unos distribuidores polacos; dos tipos que habían accedido a manejar hasta Múnich desde Varsovia, una distancia de unas ocho horas en auto. Es bastante lejos, pero les entusiasmaba hacer el viaje porque tenían un Mercedes, lo que para ellos era *algo muy importante,* porque es un auto de diseño alemán y querían llevarlo a una revisión de mantenimiento en un taller alemán.

Felix había intercambiado e-mails y llamadas con los dos tipos, y el panorama era muy optimista. De hecho, era tan optimista que dijeron que querían invertir EUR 10.000 (unos USD 11.000) en nuestras invisibobbles y que traerían ese importe en efectivo. Yo estaba destrozada porque no iba a poder asistir; quería saber cómo se veían EUR 10.000 en billetes. Quiero decir, ¿entraría todo eso en un maletín, o estaría repartido en bolsas de plástico negro en el baúl del Mercedes?

Felix había organizado la reunión en la oficina de Múnich con el escritorio de cofre del tesoro y el del ala de avión, y estaba muy entusiasmado porque había estado negociando con ellos y le dijeron que traerían todos esos montones de billetes. Estaba solo en la oficina cuando llegaron los dos tipos, uno alto y delgado con chaqueta de cuero y pantalones de vestir, y el otro más bajo y robusto, de camisa y jeans.

Preparó café para los dos y se sentó con ellos en uno de los extremos de la pequeña oficina, alrededor de la única mesa de aspecto normal que teníamos. Habiendo aprendido de nuestra experiencia con los minoristas de moda que cuando alguien dice que está listo para comprar en general significa que lo está, Felix estaba preparado para una reunión sencilla. Él también se preguntaba cómo se verían los EUR 10.000 y buscaba con la mirada un maletín o algunas bolsas de plástico con bultos, pero antes de que pudiera comenzar con la reunión el tipo alto le dijo algo en polaco al tipo más bajo, quien entonces miró a Felix y le dijo: "Debemos volver a estacionar nuestro Mercedes. Creemos que no lo dejamos en una calle segura".

Felix pensó que esto era un poco extraño, pero se ofreció a ayudarlos a encontrar un mejor lugar de estacionamiento. Dijeron que no hacía falta y se fueron. Sus dos cafés, intactos, los esperaron en la mesa durante 20 minutos. Luego, 40 minutos. Felix llamó al tipo más bajo, pero no tuvo respuesta. Dejó un mensaje: "¿Puedo ayudarlos con el estacionamiento? ¿Está todo bien?". Llamó al tipo más alto, pero tampoco le contestó.

Los dos tipos polacos no regresaron.

No solo no regresaron, sino que Felix luego los llamó y les envió e-mails todos los días durante dos semanas. Le grité: "¿Cómo pudiste cagarla de esta manera? ¡¡¡¡Tenían DIEZ MIL EUROS EN EFECTIVO!!!!". Después de dos semanas, el tipo más bajo atendió el teléfono. La conversación fue algo así:

Felix: —¿Qué ocurrió? ¡Hicieron todo ese viaje desde Varsovia y desaparecieron!

Tipo bajo: —Pensamos que lo que hiciste fue muy grosero.

Felix: —¿Qué?

Tipo bajo: —Manejamos hasta allá desde Varsovia durante ocho horas, llevamos efectivo, teníamos un contrato listo y estábamos ansiosos por asociarnos con invisibobble.

Felix: —Aprecio eso.

Tipo bajo: —Pero nos hiciste reunirnos con tu PASANTE.

Felix: —¿Pasante? Ese era YO.

Tipo bajo: —¿Ese eras tú? ¡Pero ese tipo nos preparó café! ¡Tú no estabas en ninguna parte, así que nos fuimos!

Felix: —Somos una empresa emergente, no tenemos pasantes. Yo negocio los precios, encuentro los distribuidores, llamo a los minoristas, envío e-mails a los minoristas, hago presentaciones para los minoristas, luego hago presentaciones para ellos de nuevo, hablo con nuestro fabricante en China, me ocupo del control de calidad, limpio las invisibobbles si están sucias, proceso los pedidos, pienso en cómo podemos crecer, me aseguro de que se paguen las cuentas, elaboro facturas, hago el seguimiento de las facturas, compruebo que las facturas se hayan pagado, encargo exhibidores para los eventos de peluquería, recolecto los exhibidores, manejo hacia los eventos de peluquería, pongo el exhibidor, hablo con clientes potenciales, digo una y otra vez el mismo discurso sobre cómo invisibobble no deja marcas en el cabello, aprendo sobre peinados recogidos, converso con peluqueros, escucho a los clientes y, además, preparo el café.

Ok, no les dio toda esa lista completa, pero sí les explicó amablemente que, como éramos una empresa emergente, hacíamos TODO nosotros. Ningún pasante, ningún mesero para el café, ningún personal.

Un par de semanas más tarde, el polaco alto y el polaco bajo volvieron a Múnich en su Mercedes, con sus diez mil euros en efectivo. Esta vez asistí a la reunión con Félix para confirmar que el efectivo realmente cabía con facilidad en un maletín, y estaba en prolijos montones de 25 billetes de EUR 20; cada paquete era de EUR 500, y había 20 de ellos. El dinero vino en una bolsa de plástico sellada, y en cuanto el acuerdo estuvo hecho y los polacos volvieron a la ruta, la abrimos. Era la mayor cantidad de dinero que habíamos visto en nuestras vidas. Lo fuimos sacando y apilando en la mesa antes de arrojarlo al aire mientras hacíamos videos con nuestros teléfonos para reproducirlos en cámara lenta. Después de más o menos una hora, volvimos a guardarlo y decidimos actuar responsablemente y llevarlo al banco.

11.
No existe una casilla para eso

LO QUE APRENDÍ:

- **Es bueno ser el pez naranja.**
- **Contratar adultos puede ayudar a tu negocio.**
- **Las ferias de intercambio son caras, pero valen la pena.**

En octubre de 2013, durante mi tercer año en la universidad, me mudé a un apartamento de dos dormitorios. Tenía doble vidrio en las ventanas, estaba ubicado en una moderna manzana en el centro de Leamington Spa, y el dinero que habíamos ganado con invisibobble significaba que podía permitirme vivir allí sola. Una o dos personas se mostraron interesadas en alquilar el segundo dormitorio, pero estaba perfectamente feliz de tener el lugar todo para mí.

Vivía a la vuelta de la equina de The Benjamin Satchwell, un pub Wetherspoons[40] ubicado sobre una de las calles principales de la ciudad y en el que pasaba mucho tiempo trabajando. Satchwell había sido en el siglo XVIII un zapatero, director general de correos y mediador del pueblo. También había

40. Wetherspoons es una compañía de pubs muy reconocida en el Reino Unido e Irlanda. *(N. del T.)*

descubierto el segundo manantial de Leamington, que ayudó al pueblo a desarrollarse hasta convertirse en una ciudad próspera. Es conocido como el "padre fundador" de Leamington Spa, y por eso era inspirador trabajar en un lugar bautizado en honor de semejante visionario.

Además, yo no era realmente el tipo de persona que va a bibliotecas; en lugar de eso, mi rutina consistía en despertarme, trabajar un poco en invisibobble, ir al gimnasio de la universidad cerca de las 11 a. m., tomar un café por ahí (si podía pagarlo) y trabajar, ir al pub después de almorzar, administrar los pedidos de invisibobble, quedarme en el pub más o menos hasta las 6 de la tarde y luego volver a mi apartamento.

Muchos de mis amigos estaban cursando carreras de cuatro años de los cuales pasaban el tercero en otro país, pero la mía era solo de tres años, lo que significaba que tenía menos amistades cerca. Mi vida era bastante diferente a la de los demás estudiantes, que iban a la biblioteca del campus, a unos 20 minutos en auto, y se quedaban allí desde temprano por la mañana hasta tarde por la noche. Ocasionalmente tropezaba con gente que se sorprendía de verme porque pensaba que yo hacía una carrera de cuatro años y estaba en el exterior. Nunca me molestó mantener la distancia, porque sentía que tenía mi propia vida. Simplemente estaba muy enfocada en invisibobble.

Recuerdo que una vez Niki me dijo que había visto en su escuela un póster en el que un cardumen de peces de color pálido nadaban juntos en un mismo sentido, y había un pez naranja yendo contra la corriente con una leyenda que decía: "Sé el pez naranja". Esa imagen quedó grabada en mi memoria, porque cualquiera puede dejarse llevar por lo que hacen las masas o escoger ser diferente. Ser innovador o poco convencional es mucho más difícil, pero creo que al mismo tiempo es mucho más gratificante. Nunca sentí realmente que me estuviese perdiendo de algo.

Las veces que sí iba al campus pasaba gran parte del tiempo elaborando facturas durante las conferencias, como ya lo conté, o haciendo etiquetas para envíos de productos por DHL, y nadie en verdad entendía por qué estaba priorizando invisibobble. Lo cierto es que había prometido a algunos clientes que les enviaría *hair ties* ese día, así que debía hacer tareas administrativas. Así es la vida.

Durante el último año de carrera, los grandes bancos y las consultorías venían a las "ferias de adulación" del campus, en las que competían por la atención de los estudiantes pagando los tragos en un bar u obsequiando tazas. La idea era presentarse vistiendo un traje, dar algunos apretones de manos, relacionarse con personas importantes e intentar impresionarlos con tus ambiciones.

Yo me presentaba, tomaba la taza, bebía los tragos, conversaba con mis amigos y me iba.

Fundar una empresa cuando todavía estabas en la universidad era algo impresionante en California, pero no en las islas británicas, y como invisibobble a menudo recibía por parte de los demás estudiantes respuestas del tipo "ah, es solo una *hair tie*, no cuenta", yo no decía mucho sobre lo que estaba haciendo, aun cuando me hacían preguntas específicas al respecto.

Durante mi tercer año también tuve que visitar al orientador vocacional de la universidad. Al igual que muchas otras universidades, Warwick se tomaba muy en serio la importancia de que los estudiantes aplicasen a puestos de trabajo corporativos y tuvieran un empleo y un contrato incluso antes de terminar el último año. Un día recibí un e-mail de la persona encargada de este tema para el departamento de mi carrera. Me convocó a una reunión Dios sabe dónde en el campus. Hice la caminata, encontré el edificio y la sala cuya numeración era algo así como SWX19-A, y golpeé a la puerta.

—Entre —dijo una voz.

Entré y me senté frente a una mujer que no había visto antes y probablemente no vuelva a ver nunca.

—Hola, Sophie —dijo, mirando un papel en el que aparecía mi nombre.
—¿Cómo está todo?
—Bien.
—¿Cómo te sientes?
—Bien.
—¿Eres feliz?
—Sí.

"¿Se supone que esto es un tipo de terapia?", pensé. "De todos modos, ¿quién es esta mujer? ¿Ya me puedo ir?".

—¿Cómo te está yendo con las solicitudes de trabajo? ¿Puedes decirme a qué consultorías y bancos aplicaste? —preguntó, mirando la planilla una vez más.

—No apliqué a ninguna empresa.

El rostro de la mujer adoptó una forma extraña, una que dudé que hubiera hecho antes. No dijo nada.

—Tengo mi propia empresa de *hair ties*: invisibobble. Nuestro producto se vende en la calle principal.

—¿Invisi-qué? —preguntó la mujer.

—Invisibobble. Le está yendo bastante bien, y cuando me gradúe, le dedicaré mi atención completa.

—No hay una casilla para eso —dijo.

—*Ok*, bueno, después de graduarme, planeo mudarme a Múnich, donde se encuentra nuestra oficina principal. El objetivo que planteamos es vender los productos en 12 países para fines de este año.

Su rostro volvió a adoptar aquella forma extraña y consultó una vez más la planilla.

—¿Eres una persona sociable? —preguntó—. ¿Qué tal algo en Recursos Humanos?

Felix pasó por la misma situación: tuvo que hacer dos prácticas como parte de su carrera. La primera fue en un banco de inversiones y la segunda fue en invisibobble. Convenció a su tutor de permitirle hacer una práctica en su propia empresa diciendo que, de lo contrario, dejaría la carrera.

En mi caso creo que una combinación de admiración hacia Red Bull por su abordaje poco convencional del negocio, tal vez una pizca de la naturaleza arriesgada de mi papá y el amor que siempre sentí por la moda me empujaron a hacer mi propio camino. Es una pena que el emprendedurismo no formara parte de las aspiraciones de la universidad para sus estudiantes en aquel momento, aunque creo que ahora sí tienen un enfoque mucho más fuerte en los emprendimientos.

En 2013, durante nuestro segundo año haciendo negocios, invisibobble generó ingresos por USD 1.1 millones y pudimos comenzar a pagarnos a nosotros mismos un modesto salario. Se sentía como el momento correcto para hacerlo porque habíamos logrado ganar una cantidad decente de dinero después de reinvertir la mayor parte de nuestras ganancias en el negocio.

Crecer mucho en 2013 fue genial, y significó que podríamos pasar a 2014 teniendo contratos con varios distribuidores y mayoristas. Los mayoristas comercializan una gran cantidad de productos que compran en forma directa a los fabricantes o a los distribuidores, y, generalmente, proveen de una enorme variedad de productos a numerosos puntos de venta.

Felix y yo decidimos invertir en un puesto en la Cosmoprof de Bolonia para la primavera de 2014; probablemente la mayor feria de comercio de productos capilares y de belleza en el mundo. Se trata de un evento de cuatro días que ahora cuenta con más de 3.000 expositores y cerca de 250.000 visitantes distribuidos en unos 15 salones. Todos —desde quienes hacen sillas para los salones de belleza hasta las compañías de moldeo por inyección que producen packaging para cremas faciales— van a Cosmoprof y se codean con enormes empresas como L'Oreal, que pueden llegar a gastar millones en un puesto donde exhibir sus productos más novedosos.

Destinamos unos USD 22.000 a un stand para invisibobble, lo que representó una inversión ENORME para nosotros y marcó la primera vez que gastamos mucho dinero en marketing.

También fue la primera vez que nos sentimos ignorados por la industria.

Exponer en una convención implica muchísimo trabajo. Te dan un stand básico y todo lo demás corre por tu cuenta. Si bien las invisibobbles son productos muy pequeños, teníamos cajas y cajas de ellas, además de enormes *posters* de personas llevando nuestras *hair ties* en el cabello, un cartel grande con nuestro logo y fotos de los productos. También teníamos folletos con detalles de invisibobble y nuestra información de contacto, y llevamos a una peluquera que haría peinados recogidos con invisibobbles. Animaba a las personas a acercarse al puesto diciéndoles que le llevaría apenas dos minutos arreglar su cabello, y tomaba el tiempo que le llevaba hacerlo. Los peinados recogidos eran una gran idea porque luego las personas andaban con las invisibobbles en su cabello y las comentaban con sus amigos y colegas, además de tal vez llevar alguna en la muñeca. Era un tema de conversación.

Los expositores podían ingresar al evento para preparar todo más o menos una hora antes de que abriera al público a las 9:30 a. m., y unos diez minutos antes de la apertura se oía una voz por el sistema de sonido que decía:

—Bienvenidos a Cosmoprof. Tienen un tiempo de diez minutos antes de que inicie el evento. La esperanza es la única cosa más fuerte que el miedo. Que la suerte esté siempre de su lado.

Ok, la última parte es de *Los juegos del miedo*, pero para mí así es como sonaba el anuncio, y siempre me hacía sentir como "¡Sí! ¡El juego COMENZÓ!".

Todo el día hasta las 6:30 p. m. estábamos encendidos. Todos los días, durante cuatro días. Como nos estábamos expandiendo, contratamos a una responsable de ventas internacionales, Zelda, quien también nos acompañó al evento.

Sin embargo, nadie quería hablar con nosotros.

La gente pasaba por nuestro puesto y Felix y yo nos quedábamos de pie, sonriendo. En ocasiones mostraban un poco de interés y uno de nosotros decía: "Hola, ¿conoces sobre invisibobble?". La mayoría de las veces la respuesta era que no. Entonces, yo comenzaba a hablar y de repente veía que la persona estaba mirando por encima de mi hombro a Zelda, que tendría unos 50 años. Yo decía: "Soy la fundadora, ¿tiene alguna pregunta?" y la persona contestaba "oh, puedo esperar y hablar con ella", señalando con un gesto a Zelda.

En Cosmoprof las mujeres jóvenes (y también los hombres jóvenes, aunque por entonces eran en su mayoría mujeres) repartían folletos sobre productos, proveedores y conferencias que se brindarían en distintas áreas de la feria. En ese momento yo tenía 21 años (y parecía más joven aun), por lo que la gente pensaba que era la chica de los folletos o tal vez una modelo de cabello, y por ese motivo deseaban hablar con Zelda, quien tenía la apariencia de una persona realmente adulta. A veces terminaban su café para llevar mientras conversábamos y luego me entregaban el vaso de café vacío para que lo tire.

Luego caminaban hacia Zelda, quien hablaba con ellos, y podía notar por el lenguaje corporal de ambos que ella intentaba averiguar si estaba conversando con un distribuidor o un mayorista o lo que sea; Felix y yo nos poníamos a hacer otras cosas. No podíamos escuchar las conversaciones de Zelda, pero después de un rato ella nos señalaba haciendo algún gesto mientras explicaba que Felix y yo habíamos fundado invisibobble hacía dos años. Entonces, podíamos ver en el rostro de la mujer o el hombre una expresión de "oh" o de "no puedo creerlo" porque nos veíamos (y éramos) muy jóvenes. Luego contábamos la historia de invisibobble, intentando explicarla como si fuera la primera vez que lo hacíamos en nuestras vidas, diciéndole a la gente que el producto es amable con el cabello (que es lo que interesa particularmente a los profesionales de la industria capilar) y demás. Esto sucedió unas 50 veces al día, todos los días, durante cuatro días.

No puedes dejar productos ni otras cosas en tu puesto porque otras personas podrían robarlos. En un evento al que asistimos en Dubái aproximadamente un año más tarde, una mujer agarró un montón de packs de invisibobble y tuvimos que perseguirla. Al final de cada día empacábamos todo, y nos llevaba mucho tiempo. Como los salones de la exposición eran gigantescos caminábamos millas cargando cajas y cajas, abríamos con las espaldas varias puertas dobles, dejábamos caer alguna caja (que inevitablemente lo hacía del lado erróneo, desparramando invisibobbles por el suelo), la levantábamos y seguíamos.

Y como todo es tan intenso, el plan al que se tiende al final del día es el de dirigirse a algún bar, olvidar comer algo, emborracharse accidental y completamente, despertar al día siguiente con un gran dolor de cabeza pensando "¿cómo sucedió esto?" y hacer exactamente lo mismo esa noche después del evento. Ese es el motivo por el que, aun hoy, las ferias comerciales son lo más agotador que hacemos.

Aprendimos a no ofendernos con respuestas negativas. No es un producto para todos, pero, para mí, es importante que nuestras *hair ties* espiraladas sean para la gran mayoría de las personas. Cuando la gente dice cosas que son menos que positivas se siente como una bofetada, pero hay que dejarlo ir. También descubrimos que necesitaríamos contratar personal italiano para nuestra siguiente exposición porque las personas nos hablaban en italiano muy a menudo; yo debía contestar en una mezcla de español (que había aprendido de mi mamá en mi infancia) e inglés, y de alguna manera nos las arreglábamos.

Finalmente, la reacción fue abrumadoramente positiva, pero nos llevó un tiempo hacer negocios a partir del evento.

Cosmoprof fue el último compromiso que tuve con invisibobble durante mi tiempo en la universidad, porque después de eso tuve que escribir todos mis ensayos y prepararme para mis exámenes finales.

12.
Mei y la fábrica de invisibobble desaparecida, primera parte

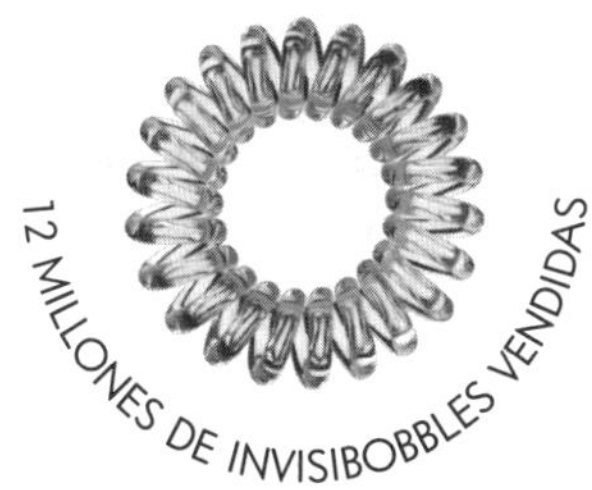

LO QUE APRENDÍ:

- **No enfocarte en las operaciones puede matar tu negocio.**
- **Contrata un seguro climático si tienes fábricas en el extranjero o en cualquier parte.**
- **No permitas que tu cofundador se vaya al otro lado del mundo.**

La carrera universitaria de Felix duraba cuatro años e incluía un semestre en el exterior. ¿A dónde escogió ir?

A Sidney, Australia.

No estoy bromeando.

Se fue al otro lado del mundo justo cuando invisibobble realmente estaba comenzando a tomar vuelo, en el verano de 2014. Para ser justos, él estaba trabajando muy duro en invisibobble, pero lo cierto es que no es lo mismo estar en un huso horario completamente diferente. Apoyé por completo su decisión de irse, a pesar de que significó que las cosas se volvieran un poco más difíciles para mí.

Había rendido mis exámenes finales de la universidad en junio, y en julio supe que había obtenido un 2:1, resultado con el que estaba contenta considerando la cantidad de tiempo que me estaba demandando invisibobble (el sistema de titulación británico se maneja con los siguientes parámetros: marca de primera clase, o 1st, para estudiantes excepcionales; marca de segunda clase superior, o 2:1, para los que son muy buenos; marca de segunda clase inferior, o 2:2, que está bien; y marca de tercera clase, o 3rd, que significa que pasaste la mayor parte del tiempo en el pub o en la discoteca, pero lograste aprobar).

Tan pronto como terminé mis exámenes, me mudé a Múnich y pasé casi todo el tiempo en la oficina arriba de la discoteca, porque los pedidos llegaban constantemente.

Este fue un momento crítico para invisibobble, y es el punto en el que algunos emprendimientos fracasan porque *deben* enfocarse en lograr que las operaciones del negocio funcionen, y eso significa encargar la cantidad suficiente de productos al fabricante para que sean entregados en la cantidad correspondiente al cliente correspondiente en el tiempo correspondiente. Si los clientes no reciben lo que pidieron, deben explicárselo al salón o a la tienda y eso puede resultar en estanterías vacías, algo que es malo para la tienda y malo para invisibobble.

El movimiento de efectivo puede verse interrumpido. Si los encargos no llegan a los clientes, no te pagarán hasta que lleguen, y aún entonces los tiempos de pago pueden demorar hasta 120 días, un período largo para esperar dinero en cualquier negocio.

Es muy común que los negocios nuevos (y también los establecidos) tomen préstamos del banco o recauden fondos de inversores, pero eso es algo que nosotros nunca quisimos hacer, ni lo hicimos, con invisibobble. Es por eso por lo que debíamos mantener un control estricto de nuestro movimiento de efectivo, y si había algún tipo de demora en el suministro de productos a cualquier cliente, debíamos resolverlo en forma inmediata. Pensamos en nuestro negocio a largo plazo, y para nosotros tomar una inversión externa significaba tener que responder a alguien más. Parte de la naturaleza de invisibobble es el hecho de que nuestros costos iniciales fueron bajos y pudimos ser rentables desde un primer momento. Si bien soy ambiciosa con respecto al negocio, lo que me interesa es la construcción de la marca a largo plazo, más que conseguir una venta rápida. Y esa construcción de marca implica reinvertir dinero e invertir amor, tanto en el producto como en la empresa.

Hacia el verano de 2014 el teléfono había comenzado a sonar cada cinco minutos, y las llamadas venían de algún distribuidor que se quejaba de que un encargo no había llegado o de que había demorado más de lo normal, y ¿dónde estaba? Por cada llamada o e-mail que recibía debía entrar al sitio web de DHL, escribir el número de seguimiento, averiguar en dónde se encontraba nuestro paquete y contactar al cliente. No contábamos con sistemas de gestión, no teníamos seguimiento ni facturación automatizados, ni tampoco un servicio informático. Hacíamos todo vía Excel, Word y correo electrónico. Todo se iba al demonio casi todos los días.

Como ya mencioné, contratamos a Zelda, una responsable de ventas, y comencé a entregarle algunos de los clientes de Felix y míos. Sin embargo, especialmente por ser nosotros los fundadores, esos clientes realmente se volvían locos cuando intentábamos explicarles que Zelda se ocuparía de sus negocios de ahí en adelante. Si esos clientes eran los dueños de sus empresas, les gustaba tratar con otros propietarios o fundadores. Lo cierto es que no podíamos hacerlo por el resto de nuestras vidas o, de lo contrario, invisibobble se estancaría y nunca dejaríamos de lidiar con los distribuidores.

Le entregábamos un cliente a Zelda y a veces el cliente lo odiaba, sintiendo que era demasiado importante como para que le hiciéramos eso. Llamaban a Felix y él les decía "me encuentro en Australia, llamen a Zelda", o me llamaban a mí justo cuando estaba ocupándome de la entrega de su cuenta a Zelda.

De repente, en medio de todo esto, descubrí con espanto que estábamos recibiendo mucho menos producto de China de los que habíamos encargado. A esta altura, las invisibobbles llegaban ya empacadas en sus packs de tres, pero estábamos recibiendo apenas cerca de un quinto de lo que pedíamos.

Esperen un minuto, porque debo traer a otro personaje a esta historia: Mei Huang. Mei es una mujer que Felix conoció en una feria comercial y que trabajaba como nuestra agente. Es una mujer china que vive en Alemania y habla alemán con fluidez, y nos ayudó a conseguir un fabricante en China cuando estuvimos listos para avanzar sin Liang, nuestro proveedor de Alibaba.

Confiábamos completamente en Mei para todo, desde hallar nuestra nueva planta de producción hasta traducir e-mails, acordar precios con la fábrica, responder preguntas si los envíos se demoraban y muchas otras cosas. Era muy importante para nosotros que todas nuestras invisibobbles fueran fabricadas en un mismo lugar, porque nuestras plantas de producción necesitaban cumplir con una cierta normativa y estar listas para cualquier inspección. Los minoristas tienen requisitos y normas de seguridad muy estrictos, y debíamos asegurarnos de poder cumplir con esos estándares.

Como seguíamos sin recibir nuestros pedidos, llamé a Mei.

—Hola —dije, intentando mantener un tono optimista.

—¡Sophie! Hola. ¿Cómo estás? —dijo Mei.

—Bien, pero estamos teniendo algunos problemas por encargos que no llegan.

—¿Problemas? De acuerdo. Déjame averiguar qué sucede.

Pasaron un par de días, y luego una semana. Mientras tanto, estábamos tomando pedidos de nuestros clientes y pasándolos a China por medio de Mei, y todos eran aceptados. Le había escrito a Mei y ella me había asegurado de que nuestros pedidos llegarían "pronto", o que se encontraban "en camino". Sin embargo, pasó una semana y luego otra. Aún no llegaban muchos pedidos.

Finalmente, después de tres semanas, conseguí sacarle a Mei la verdad.

Un tifón había impactado en China, y nuestra planta de producción se encontraba bajo agua desde hacía tres semanas. ¡Tres semanas! No podía creerlo.

En los negocios chinos existe una cultura de guardar las apariencias, o de no querer decepcionar, y por eso, en lugar de decirnos inmediatamente que había habido un problema, Mei lo postergó. Y eso había empeorado todo.

Entonces, tuve que enviar una especie de e-mail de alarma a todos nuestros distribuidores, diciendo que teníamos "problemas de capacidad", que necesitaríamos racionar los pedidos y que, proporcionalmente, comenzarían a recibir tal vez una quinta parte de lo que habían encargado.

Al mismo tiempo empezamos a recibir los encargos más grandes de nuestra historia, algo así como "hola, ¿puedo encargar 20.000 unidades, por favor?"; "hola, ¿puedo encargar 50.000 unidades, por favor?"; "hola, me gustaría adquirir todo el stock que tienen en depósito, ¿cuándo pueden hacer la entrega?". ¡Era una demanda fuera de serie!

Yo sabía que no teníamos stock en depósito, y eso solo hacía que nuestros clientes quisieran más: tan pronto como les dije que había un suministro limitado, se pusieron a competir entre ellos para conseguir la mayor cantidad posible de stock (un tiempo después intentamos hacer eso un poco como una estrategia de psicología inversa: dijimos a los clientes que había un stock limitado y luego esperamos a que llovieran los pedidos. No funcionó).

Debimos racionar los pedidos durante casi cuatro meses, y nos llevó cerca de seis meses ponernos al día correctamente con todos. Llegaba a la oficina a las ocho de la mañana y no había posibilidad alguna de que me fuera antes de las diez de la noche, tan solo intentando ocuparme de los e-mails y los pedidos. Nuestra planta de producción tuvo que ser reconstruida desde cero.

A pesar del tifón, 2014 fue un año enorme para invisibobble.

En Alemania habíamos logrado ser comercializados por la perfumería de lujo, pero aún debíamos volvernos un producto masivo. Una gran cadena de farmacias de mercado masivo estaba interesada, pero, al igual que algunos otros minoristas, querían que hiciéramos una versión de etiqueta propia para ellos. Como ya lo mencioné, esto es bastante común con los minoristas, que a menudo decían que no querían vender accesorios para el cabello que fueran de marca, sino solo bajo su propio sello. Si no hay pruebas de que la idea funcione, quieren tomar el camino de menor riesgo y comercializarla con una marca propia.

También descubrimos de la manera difícil que si un producto de marca vende más de lo que se esperaba, los minoristas crearán rápidamente sus propias versiones. En ocasiones, los equipos de venta de algunos fabricantes, bajo la presión de vender productos a los minoristas, acceden a crear una versión de sello propio, pero siempre insisto en que invisibobble no lo hará.

Lo cierto es que nos estábamos haciendo más conocidos gracias a la prensa, y los blogs de Alemania nos ayudaron. Esto todavía me sorprende, pero tanto hombres como mujeres nos preguntaban qué era esa cosa con forma de espiral en la muñeca de sus amigas, y era un tema de conversación. Y como no se podían conseguir nuestras *hair ties* en todos lados —se conoce como distribución selectiva—, éramos algo así como el secreto mejor guardado de la industria de la belleza.

Cuando finalmente persuadimos a la cadena de farmacias alemanas de mercado masivo de tener en stock tres packs de invisibobbles transparentes (lo hicieron en noviembre de 2014), el producto se convirtió en uno de sus lanzamientos más exitosos de todos los tiempos en la categoría de accesorios para el cabello. Cuando logras que un producto deseado se encuentre disponible para las masas, las personas corren a adquirirlo. Lo loco es que cuando la mayoría de las marcas hacen un lanzamiento como ese, invierten cientos de miles o más en marketing, y nosotros no gastamos nada. Nuestro presupuesto era cero. Parte de la razón por la que entramos en aquel minorista fueron los exhibidores de cartón que proveíamos en forma gratuita (y esa era la única cosa a la que destinábamos dinero de marketing). Con ellos resolvimos el problema de las tiendas que decían no tener espacio.

Comenzamos el año con presencia en 13 países europeos, y para el final del año, estábamos en 30 países. Nuestro volumen de ventas se multiplicó por 15 desde que comenzó hasta que terminó el año. ¡Estábamos encantados! Creo que sin el tifón podríamos haber multiplicado nuestro negocio por 30. Tan solo en 2014 tuvimos ingresos por unos USD 6.7 millones, y yo apenas me había graduado ese verano.

13.
¿Es la imitación la forma más elevada de la adulación?

LO QUE APRENDÍ:

- **El negocio puede ser brutal.**
- **Las imitaciones son jodidamente espantosas.**
- **Enfocarte en hacer que la marca sea lo mejor que puede ser te ayudará a combatir las imitaciones.**

¿Recuerdan cuando en la infancia nos llevaban a jugar a los bolos y ponían esas barreras a los costados de la pista para evitar que la bola se escapara y hacer que fuera más fácil acertar? Bueno, éramos lo suficientemente inocentes como para pensar que las cosas se darían de la misma manera para nosotros, unos niños con empresa propia. Creímos que las grandes compañías del mundo levantarían barreras para nosotros porque éramos jóvenes y nuevos en la industria. Recibimos mucho apoyo por parte de las personas que nos conocían, especialmente yo por ser una "emprendedora femenina"; mirando hacia atrás, probablemente tenía una pequeña burbuja protectora a mi alrededor por formar parte de un grupo subrepresentado.

Sin embargo, en 2014, el año del tifón, esas barreras definitivamente se cayeron. ¿Cómo?

Una palabra: imitaciones.

La primera vez que supe que nos habían copiado estaba en mi oficina, en mi escritorio de ala de avión, revisando la página de Facebook de invisibobble. Me encontraba sola; Felix estaba en Australia y el equipo de New Flag había salido. De repente me crucé con un comentario en uno de nuestros videos de peinados recogidos que decía algo así:

"La primera vez que compré invisibobbles eran geniales, pero compré otro paquete y son una verdadera mierda. Recién puse uno en mi cabello para hacer una coleta y se partió. ¡¡¡NO COMPREN ESTE PRODUCTO!!! Además, el empaque no era exactamente igual al de siempre".

Se me heló la sangre. Respondí inmediatamente con mi dirección de e-mail, escribiendo: "Hola, gracias por comentar esto, lamento que haya tenido este problema. ¿Podría enviarme una foto del *hair tie* y del packaging?".

Un par de minutos más tarde llegó el e-mail de respuesta. La mujer dijo que las había comprado en una peluquería rusa, y la imagen del packaging se veía exactamente igual al del nuestro; con solo mirar la foto me podía dar cuenta de que el cubo era tal vez medio centímetro más corto que el packaging real de invisibobble, pero aun así llevaba nuestro nombre, nuestro logo y nuestras líneas de texto, como "el anillo para el cabello que no deja rastros" y "amable con el cabello". *Todo* se veía idéntico, a excepción del tamaño.

Mierda.

No puedo explicar lo enojada que me encontraba por esto, pero estaba completamente furiosa de que alguien pudiese replicar todo y pretender que eran invisibobbles reales. Significaba que alguien en algún lugar había dado instrucciones a una fábrica (en China) para que tomaran nuestras *hair ties* y adorables cajitas y las copiaran, de modo que los distribuidores, salones y consumidores creyeran que eran reales y luego nos culparan cuando se rompieran o se atascaran en el cabello. No eran más que copias baratas.

El *único* aspecto positivo de una copia directa, que es cuando alguien copia tu producto palabra por palabra, es que puedes contactar a todos los distribuidores y mayoristas para pedirles comprobar si los productos son reales o no. Como aprenderíamos más tarde, cuando ves imitaciones que se ven más o menos iguales, pero cambiaron apenas el nombre de la marca no puedes saber cómo ingresaron al mercado ni quién las vende, y es muy difícil descubrir dónde surgió el problema.

Comencé a llamar y enviar e-mails a todos nuestros distribuidores y minoristas. Creo que estaba esperando una cierta empatía, pero en realidad lo que recibí de algunas personas fue enojo. La gente culpaba a invisibobble por permitir que hubiera imitaciones en el mercado, y se encontraban muy disgustados porque habían invertido dinero en ellas y yo debía pedirles que las destruyeran y me enviaran un certificado de prueba de destrucción. Recibimos un poco de odio, e intentaron transferirnos los costos a nosotros (nos negamos), pero a la larga ayudó a evitar la circulación de las imitaciones e hizo que todos nuestros socios se preocuparan por comprobar que estaban recibiendo productos genuinos.

También pedimos a las aduanas de países europeos que hicieran incautaciones de importación para cosas que llevaran una etiqueta de "invisibobble", lo que significaba que comprobaban lo que había dentro de las cajas que llegaban a la frontera. Pudimos detener algunas imitaciones, pero era apenas una porción muy pequeña de las copias que habían entrado. También intentamos que hubiera incautaciones de exportación para bienes que salieran de China. Todos los años se debe pagar una tarifa para esto, pero nunca logramos que se incautase nada, porque, a menudo, los productos de imitación que salen de China llevan etiquetas que dicen algo completamente diferente.

La demora en la producción causada por el tifón también permitió que otras copias pudieran entrar en el mercado. Había una clara demanda de nuestro producto, y una vez que no estuvo disponible, otros distribuidores (con los que no trabajábamos) vieron la oportunidad de crear sus propias versiones. Una de ellas, llamada EZbobbles, copiaba nuestro packaging de cubo, nuestro logo circular y también nuestro eslogan. Las publicaciones en Instagram decían cosas como "el diseño no dañará el cabello", y a la vez hacían referencia a nosotros: "una buena alternativa a invisibobble". Al menos ellos sabían a quiénes estaban imitando y en cierto modo reconocían que éramos los originales (¡y los mejores!), pero con solo ver las fotos de EZbobbles notaba que los dos extremos del espiral que hacen que nuestras *hair ties* sean redondas no estaban bien soldadas, puesto que se podía ver un bulto feo. EZbobbles también copió los exhibidores piramidales de cartón que tenemos en las peluquerías. De nuevo, *mierda*.

El problema cuando aparecen imitaciones como esta en el mercado es que los consumidores no necesariamente reconocen la diferencia entre ellas y nuestro producto, y eso ocurría especialmente en los primeros tiempos, cuando todavía no éramos una marca establecida. Las personas, además, no estaban acostumbradas a que las *hair ties* tuvieran una marca en absoluto, y normalmente usaban elásticos para el cabello con la marca de cada tienda particular, muchas veces de los que vienen de a varios abrochados a un cartón.

Sin embargo, como las imitaciones como esta usaban exactamente las mismas afirmaciones de producto, palabra por palabra, que las que usábamos en nuestro packaging y de las que teníamos copyright, contábamos con las bases para iniciar acciones legales contra los salones y minoristas que las vendían.

Llegué a un punto en el que intentar controlar la marea de imitaciones era mi trabajo de tiempo completo. Lograba descubrir quiénes eran los distribuidores de las copias por los salones en los que se vendían, y los llamaba desde mi escritorio, sola en la pequeña oficina de Múnich. Me sentaba derecha en mi silla, cruzaba las piernas, tosía y hacía mi voz más severa.

"Buen día, pertenezco al departamento legal de invisibobble", decía, intentando mantener la compostura. "Noté que están comercializando EZbobble, una imitación de nuestro producto. Debido a que EZbobble copió las afirmaciones de producto de las que poseemos copyright, estamos iniciando acciones legales contra ellos, y necesitamos que deje de vender sus productos inmediatamente". Usaba todo el léxico legal posible, manteniendo una voz persuasiva y estricta.

Algunas veces la respuesta era positiva. Otras veces debía ser más insistente, a pesar de que seguía siendo una chica de 21 años, sola en la oficina, intentando sonar más adulta y más sabia. "Por el momento no estoy involucrando a nuestros abogados debido a que preferiríamos poder resolver esto sin su participación, pero si los productos continúan siendo comercializados en una semana, tendré que emitir una orden de cese y suspensión". Luego, enviaba un e-mail de seguimiento en el que mi firma indicaba *Responsable de propiedad intelectual y cumplimiento*, en lugar de mi firma habitual de *Socia Directora*. Una orden de cese y suspensión es un documento legal que se envía para detener una actividad ilegal, y con ella se puede amenazar con llevar a alguien a juicio si continúa vendiendo un producto.

Legalmente, creíamos que no había mucho que pudiéramos hacer con respecto a las imitaciones del producto en sí. Numerosos abogados nos habían dicho que no podíamos patentar la forma de invisibobble, porque la forma espiralada ya era conocida comúnmente en objetos como los cables de teléfono; eventualmente eso nos pasaría factura.

En un momento tuvimos un problema enorme con las imitaciones en el Reino Unido, en parte debido a la manera en que establecimos nuestra distribución. Habíamos firmado acuerdos con diversas empresas que indicaban que serían los distribuidores exclusivos para una región determinada. Eso fue un error, porque significaba que las peluquerías que no estaban cubiertas por cada distribuidor no podían recibir invisibobble. Entonces, otros distribuidores en la misma región se enojaban.

Como para un distribuidor invisibobble es un producto bastante fácil de vender a una peluquería porque es pequeño y ligero, otros distribuidores también querían poder comercializarlo. Habían estado oyendo sobre el éxito de invisibobble, pero como habíamos firmado acuerdos de exclusividad en algunas áreas (algo que en retrospectiva fue un error, aunque al principio no sabíamos nada), algunos de los distribuidores que no podían conseguir invisibobble comenzaron a crear sus propias imitaciones que, de repente, parecieron inundar las peluquerías del Reino Unido.

Se veían muy parecidas, pero la calidad no era la misma. Fuimos muy exigentes al desarrollar nuestro packaging para asegurarnos de que no se rayara fácilmente ni generara estática, porque no queríamos que los packs atrajeran polvo en las estanterías o en los hogares. Esto no era perceptible a simple vista y realmente parecía que cualquiera nos podía copiar.

En otra ocasión nos llamaron desde uno de nuestros grandes mayoristas del Reino Unido para decir que ya no comercializarían invisibobble, y simplemente dejaron de hacer pedidos. Esto para nosotros no fue poca cosa, porque nos encargaban unos USD 330.000 en productos por año. El mayorista dijo algo así como que querían "ir en otra dirección". Había algo en el tono de voz del tipo que me hizo comprender que *estaban haciendo una imitación*. Entonces durante algunas semanas nos dedicamos a seguirlos en Internet, observando su página web y su cuenta de Twitter para ver qué estaban haciendo. Un día, ahí estaba: su versión de invisibobble, exhibida en línea junto con todos los demás productos que vendían, y usando parte de nuestro material con derecho de autor. Al menos eso significaba que podíamos demandarlos, y que debían decirnos quiénes eran todos sus clientes para que pudiéramos asegurarnos de que recibieran las verdaderas invisibobbles.

La situación llegó al punto en que exponíamos en ferias comerciales de productos para el cabello y veíamos imitaciones de nuestra marca en otro puesto. Una vez, en un evento llamado *Salon International* que se lleva a cabo en Londres todos los años, teníamos un hermoso puesto con exhibidores adorables y una peluquera haciendo peinados recogidos cuando vimos una imitación a la que llamaré *Bububobble* en exhibición en otro puesto.

Durante el evento apareció un hombre algo calvo y barrigón de mediana edad. Se veía un poco como una babosa: una babosa que no vio el sol ni la luz del día en la última década.

Se arrastró hacia nuestro puesto y dijo:

—Hola, quiero hablar con el jefe.

—Hola, yo soy una de las fundadoras, ¿cómo puedo ayudarlo? —contesté. Me miró de arriba abajo como diciendo "pero tú eres una niña".

—Bueno, yo pertenezco a Bububobble. Estamos vendiendo nuestras *hair ties* a GBP 2 menos que ustedes, pero supongo que ya lo sabían —dijo, con expresión engreída—. ¿Cómo les está yendo a ustedes? —preguntó, esperando a ver cómo me sentía yo con respecto a que vendiera sus *hair ties* de mala calidad a un precio más bajo que el nuestro.

—Sí, creo que hemos estado en contacto por medio de nuestros abogados. Nos está yendo muy bien, gracias. Acabamos de lanzar nuestra nueva colección y venimos siendo comercializados en Boots desde hace ya un tiempo, al igual que en Urban Outfitters, y también nos estamos divirtiendo —dije.

—Bueno, no van a divertirse por mucho más tiempo, ¿verdad? —dijo el tipo y se volvió a su puesto.

No me importaba mucho el tipo de Bububobble. De alguna extraña manera, era casi decepcionante ver que nuestros imitadores eran el tipo de viejos cabrones que probablemente se arrepentían de 1.000 cosas en sus vidas y no tenían nada mejor que hacer que imitar a unos adolescentes que habían creado una nueva *hair tie*, y luego intentaban sentir alguna emoción acercándose a nosotros en una exposición para menospreciar nuestros productos y sentirse superiores. Si el Sr. Bububobble hubiese hecho algo creativo e inspirador en materia de accesorios para el cabello, podría haber sentido algo de respeto por él. Las personas que nos imitaban solían ser similares al Sr. Bububobble: tipos que estaban envejeciendo y no hacían realmente ningún esfuerzo por nada, ni por sus cuerpos ni por sus negocios, y que solo esperaban perezosamente ganar dinero fácil.

Creo que las personas que nos copiaron lo hicieron porque creyeron que sería una forma fácil de hacer dinero, y que podían, simplemente, pedir a las fábricas chinas que replicaran nuestros productos. Lo cierto es que es bastante complicado hacer bien algo tan simple como una invisibobble, asegurándose de que los colores y la calidad sean consistentes y pensando en nombres divertidos y creativos para los nuevos colores y estilos.

Tenemos, además, una ventaja: como los imitadores piensan que es tan fácil, sus copias terminan viéndose baratas e inferiores. A la vez, les resulta muy difícil ingresar en los minoristas principales, porque la calidad siempre es pobre y porque son claramente imitaciones.

La conversación de Bububobble en la feria de negocios no fue la única vez que nos enfrentamos cara a cara con los mercaderes de la estafa.

Haré un salto en el tiempo hasta la primavera de 2015, cuando fuimos por segunda vez a la Cosmoprof en Boloña. Invertimos de nuevo unos USD 22.000 en un puesto y, como de costumbre, nos emborrachábamos accidentalmente casi todas las noches y pasábamos los días a base de adrenalina, café y Red Bull.

Algunos sectores del evento se organizan según los países, de modo tal que las personas puedan encontrar productos de belleza de su propia región. A unos 150 pies de nuestro puesto había una carpa llamada *Pabellón Chino*.

El año anterior había visto imitaciones de Tangle Teezer en la sección china, así que estaba un poco ansiosa pensando en qué podría encontrar esta vez. En uno de los pocos recreos que tuvimos decidí explorar el lugar con Felix. Dimos algunas vueltas observando los alisadores para el cabello, los sillones de peluquería, los champús y los cepillos en casetas de todos los tamaños y formas, muchas de ellas con telones de fondo en los que aparecían fotografías gigantes de alguna mujer occidental mirando con ojos soñadores a la cámara mientras su cabello perfecto y brilloso volaba hacia un costado; a menudo usaban la misma fotografía para vender productos diferentes.

Entonces, de repente, lo vi. Me dio un vuelco el corazón. Comencé a sudar y sentir pánico.

Había un puesto completo, grande y falso de invisibobble que era EXACTAMENTE igual al nuestro.

Tal como en el caso de la imitación rusa sobre la que escribió aquella mujer en Facebook, el packaging era igual y el logo era idéntico; la única diferencia era que ahora lo estábamos viendo replicado en la vida real, en un stand por la que podía pasar cualquier persona de cualquier lugar. ¡Incluso utilizaron las mismas fotografías que nosotros! Le habíamos pedido a Talia, la novia de Niki en aquel momento, que fuera nuestra modelo de cabello, y allí estaba, enorme, en una fotografía gigantesca que cubría la pared trasera del stand; la misma que teníamos en nuestro puesto a 150 metros en la misma feria. Demonios, habían ido tan lejos que hasta estaban usando el nombre New Flag.

No pude detenerme. Corrí hacia el tipo que atendía el puesto.

—¡Están copiando nuestros productos! Deben RETIRAR TODO ESTO INMEDIATAMENTE. ¡ABSOLUTAMENTE TODO!

El tipo, un hombre chino de poco más de 30 años, solo me miró y levantó las cejas.

—*Qual è il problema?* —preguntó en italiano.

—*Il problema? IL PROBLEMA?!*

No hablo italiano, por lo que grité en español, idioma que sí hablo: "¡Estás copiando todos nuestros productos! ¡Tienes que retirar esto inmediatamente! TODO".

Entendió un poco, pero sacudió la cabeza.

—*Non rimouvo nulla. Questo è il mio marchio, queste sono le mie fotografie.*

Entonces me volví loca.

—*NON RIMUOVO NULLA? NON RIMUOVO NULLA!*

(Supuse que eso significaba "no retiraré nada").

—ESA ES **TALIA** EN LA PARED —grité en inglés—. ¡¡¡TALIA!!! ES NUESTRA MODELO. ESTAS NO SON TUS FOTOGRAFÍAS. **¡ESTAS NO SON TUS FOTOGRAFÍAS!**

Empecé a levantar sus invisibobbles falsas y a ponerlas en el piso. Tomé puñados de sus folletos, que también llevaban nuestras fotografías. Tiré del póster de Talia. Mientras yo hacía eso, él levantaba todas las cajas de *hair ties* y las volvía a colocar en donde estaban. Luego intenté abrir la maleta que tenía en la parte trasera del stand, pero estaba cerrada con llave. Tiré las invisibobbles falsas al piso nuevamente, y el tipo estaba tan cerca que cuando me gritó en italiano que me detuviese, cayeron burbujas de su saliva en mi rostro.

Miré a Felix.

—¿Qué vamos a hacer?

—Dile que iremos a la policía —dijo Felix.

—¡Vamos a la policía! —grité en español (imaginé que la palabra para "policía" era parecida en español y en italiano). Luego recordé la palabra "*carabineri*", que es como llaman a la policía italiana—. ¡*CARABINERI!* ¡*CARABINERI!* —grité.

Ante esto, finalmente reaccionó y empezó a retirar los packs de imitaciones de invisibobbles.

—OK. ¡Te estoy observando! —le dije, señalando con dos dedos hacia mis ojos y luego hacia él.

No podía creer que Cosmoprof permitiera que ingresaran imitaciones, especialmente cuando nos encontrábamos a solo 150 pies de distancia.

Volvimos a nuestro puesto; yo me sentía bien conmigo misma. ¡Había conseguido que uno de los fabricantes de imitaciones se quebrara!

Un par de horas más tarde volví a su puesto.

Todo había vuelto a su lugar, exactamente de la misma manera en que estaba antes. El tipo se encontraba ocupado con una cliente que estaba colocando una falsa invisibobble en su cabello. Intenté mantener la calma y volví a nuestro stand.

Felix y yo nos dirigimos a la oficina de propiedad intelectual de Cosmoprof y les mostramos fotos del puesto de imitación. Fueron empáticos, pero explicaron que no podían hacer nada al respecto sin pruebas de que el copyright de las fotografías nos pertenecía, y nos pidió conseguir los documentos relevantes.

Entonces llamé a Niki y expliqué la situación.

—No tenemos esos documentos —dijo la voz en el teléfono.

—¿¿¡¡Qué quieres decir con que NO TIENEN LOS DOCUMENTOS!!?? Hay un hombre en Cosmoprof que está usando fotografías gigantes de tu novia a tan solo unos pies de distancia de nuestro puesto de invisibobble ¿¿¡¡Y TÚ NO TIENES LOS DOCUMENTOS PARA PROBAR QUE SON NUESTRAS FOTOS!!??

Resulta ser que, en efecto, no teníamos los derechos de las fotos, uno de los errores clásicos que se suelen cometer en una empresa emergente. No teníamos idea de que debíamos negociar algún tipo de derechos y, por supuesto, lo descubrimos en el peor momento posible, cuando teníamos apenas unas horas para hallar una manera de resolverlo. Afortunadamente Niki conocía mucho al fotógrafo y le pidió transferirnos los derechos. Escribieron un contrato, lo hicieron firmar y lo escanearon para enviárnoslo a Cosmoprof.

El responsable de la oficina fue con nosotros hasta el puesto del tipo chino-italiano con el papeleo, y le ordenó retirar las fotos. No pareció ser un proceso simple; hubo mucha conversación y gestos hacia las imágenes, y el chino-italiano caminaba hacia las fotos, las empujaba y volvía hacia el responsable de la oficina mientras agitaba las manos.

El de la oficina se volvió hacia mí y me dijo: "Retirará los productos, pero ¿hay algún inconveniente con que deje las fotografías?".

No podía creer lo que estaba oyendo, pero ahora sabía por qué el tipo había agitado tanto los brazos. Las fotografías estaban pegadas al marco del puesto y formaban parte de las paredes, por lo que retirarlas significaba, en efecto, destruir el stand. "Excelente", me dije a mí misma en la voz del Sr. Burns de *Los Simpson*, frotando mis manos por la punta de los dedos. "Excelente".

—No me importa. Si necesita usar un cuchillo y cortar la pared, no me importa.

Y eso es lo que hizo el tipo chino-italiano. Cortó y arrancó y rasgó las fotografías. Estaba bastante enojado, y luego se subió a una silla y comenzó a tirar todo lo demás desde sus estanterías hacia el suelo.

—¿Estás contenta ahora? —preguntó en italiano mientras el responsable de la oficina traducía.

—No me importa que te hayas tomado el tiempo para hacer falsificaciones de nuestras *hair ties*, que hayas copiado nuestro packaging y que hayas hecho todo el viaje desde China con tus maletas. No me importa que este puesto probablemente te haya costado USD 30.000. Realmente no me importa —dije.

Nunca sabré si el responsable de la oficina tradujo mis palabras.

Después de todas las experiencias que tuvimos con falsificaciones y copias (y hubo muchas más) me di cuenta de que mientras más nos enfocásemos en la marca y en hacer que fuera lo mejor que podía ser, logrando que los pequeños detalles estuvieran bien, siendo creativos con los nombres y los diseños de nuestros adorables packs de tres unidades y manteniendo una exigencia muy alta con respecto a la calidad, más difícil sería para los imitadores robarnos clientes y, como resultado, algunos de los copiones (incluyendo a Bububobble) simplemente desaparecieron.

Eso no quiere decir que no sean una amenaza. En un punto, durante 2014 realmente creí que estábamos acabados debido a la cantidad de imitaciones que había. Escuchaba en mi cabeza ecos de personas que me decían que las *hair ties* espiraladas serían solo una moda pasajera, una novedad que eventualmente desaparecería, y creí que las copias podrían ser el principio del fin. Pensé que, al fin y al cabo, tal vez tendría que aplicar a un puesto en una consultoría.

A pesar de todo, lo que repetía una y otra vez a quienes dudaban era: "No lo creo, porque el producto tiene un beneficio funcional que lo hace fundamentalmente diferente a las *hair ties* elásticas que ya existen, y si nos aseguramos de que las nuestras sean las de mejor calidad, con la mayor distribución, entonces, tenemos un gran futuro por delante". Y me dije a mí misma que se puede imitar el jabón y la pasta dental y lo que sea, y, sin embargo, a las enormes compañías que hacen jabón y pasta dental de marca les sigue yendo perfectamente bien.

Al final del día, siempre habrá un cliente que prefiera la invisibobble original y un cliente que prefiera una copia barata. Lo importante es que comprendan cuál es la diferencia entre ambas, y estoy hablando de productos "yo también"[41], aquellos que son muy similares al nuestro, pero no son imitaciones directas. En ocasiones veo comentarios en redes sociales del tipo "hoy recibí mis copias de invisibobble" y pienso "OK, está bien tomar la decisión consciente de adquirir la versión más barata". Quiero decir, ¿cuánto se puede esperar que gaste una niña de 13 años en su cabello? Hay tiendas que ofrecen productos para el segmento más joven del mercado y juegan su papel, pero nuestro consumidor principal es, en realidad, la mujer de entre 20 y 30 años que compra invisibobbles para ella misma, y también vemos que mujeres más grandes las compran para ellas y para sus hijas más jóvenes.

Ahora nos enfocamos en ser los mejores y los más grandes, y en estar a la vanguardia en la innovación. Nuestra responsabilidad como la marca que inventó este nuevo producto es ser lo que llaman "rey de la categoría": ser la marca líder que crea las *hair ties* diversas, divertidas y diferentes que las personas aman porque nunca antes habían visto algo parecido.

41. En inglés, *"me too" products. (N. del T.)*

14. Todos los gusanos de China

LO QUE APRENDÍ:

- **La cultura china puede ser un enorme shock.**
- **Los estándares de higiene pueden ser diferentes en China.**
- **Tienes que trabajar duro para conseguir respuestas.**

Luego de que la planta de producción fuera destruida por un tifón y no lo supiéramos por semanas, decidimos que necesitábamos ir a China para comprender mejor cómo se hacían nuestras *hair ties* y buscar fábricas de refuerzo en caso de que volviera a pasar lo mismo o algo por el estilo. Además, estábamos teniendo en aquel momento pequeños problemas de control de calidad, y como habíamos empezado a operar a una escala considerable, esos pequeños problemas se estaban convirtiendo en mayores. Notamos variaciones de color entre partidas —en ocasiones las Submarine Yellow parecían High-Vis Jacket Yellow[42], un color que no queríamos, y a veces notábamos que nuestras invisibobbles eran más gruesas de lo normal— y no puedes tener estas diferencias cuando estás suministrando a minoristas.

42. En español, 'color amarillo chaqueta fluorescente'. *(N. del T.)*

Le preguntábamos a Mei por qué había inconsistencias y sentíamos que la planta de producción no siempre nos daba respuestas directas. Queríamos saber cómo estaba organizada la fábrica, cuántas invisibobbles hacían por día y cómo se aseguraban de que no hubiera cuellos de botella en la producción, y, además, queríamos comprobar que los trabajadores tuvieran suficientes descansos y fueran tratados como corresponde.

Nuestra primera visita fue en junio de 2015, una vez que Felix terminó su carrera (obtuvo una marca de primera clase, por supuesto). Nuestra planta de producción se encontraba cerca de la ciudad portuaria de Qingdao (conocida por la cerveza Tsingtao) en la costa este, que representa una distancia aproximada de un vuelo de 15 horas desde Alemania con una conexión en Pekín.

Por aquel entonces había un sistema en China por el cual los extranjeros debían hospedarse en un hotel de al menos cuatro estrellas, por lo que cualquiera pensaría que algunas cosas estándares y básicas, como hacer el *check-in*, no serían un problema. Sin embargo, como mi mamá es española y mi papá es danés, tengo dos pasaportes y dos formas de escribir mi nombre, una española y una danesa (uso la versión danesa). Desde entonces, y por estar viajando 120 días al año, aprendí que hacer todas las reservas con mi nombre danés y luego usar solo mi pasaporte danés es la mejor idea, porque cualquier otra opción a menudo confunde a los oficiales de inmigración.

En fin, después de un largo vuelo desde Múnich hasta Qingdao, Felix y yo, finalmente, llegamos a nuestro hotel, uno de una reconocida cadena de cinco estrellas. Al bajar del taxi, ingresamos por una gran entrada con techos altos y mucho rojo y dorado. Cuando llegamos a la recepción nos recibió un rostro inexpresivo. Pensé: "estoy de pie con la maleta en la mano y entregándote mi pasaporte, ¿qué crees que estoy intentando hacer?". Supuse que tal vez su sistema de registro tenía todo en caracteres chinos y eso hacía que les resultara muy difícil saber qué hacer, pero a los recepcionistas les llevó cerca de 45 minutos hallar a un empleado de la cocina que hablase inglés y pudiera traducir.

Subimos a nuestra habitación famélicos y exhaustos, y decidimos pedir la cena al servicio de habitación. El menú estaba en inglés y en chino, y podíamos ver cosas como *spaghetti* a la boloñesa, *fish and chips*, ese tipo de cosas. Nos las arreglamos para pedir, en inglés, dos club sándwiches clásicos con pollo, tocino, ensalada y otras cosas.

Finalmente, nuestros sándwiches llegaron. Felix dio un mordisco, se paralizó, retiró el sándwich de su boca y lo apoyó en el plato. Había un

GUSANO reptando desesperadamente para salir del sándwich, moviéndose como una oruga hacia el borde del plato y completamente confundido por su nuevo entorno.

Felix llamó a la recepción.

—Hola. Hay un gusano en nuestra comida.

—¿Qué? —respondieron—. No gusano en comida. ¡Es pan y pollo y tocino!

—No, ya sé qué cosas LLEVA un club sándwich. Además de las tres rodajas de pan y todas las demás cosas que lleva un club sándwich normal, hay TAMBIÉN un gusano —dijo Felix.

La mujer subió a nuestra habitación. El gusano aún estaba en el plato, juntando coraje para escapar de alguna manera, y la mujer se encogió de hombros.

—Nos gustaría que nos envíen otro club sándwich. Sin gusano —dijo Felix.

—¿No gusano? —preguntó ella.

—NO GUSANO —respondió Felix.

—¿Qué le gustaría que lleve el sándwich? —preguntó la mujer.

—Pan, lechuga, pollo, tocino y tomate. Y no un gusano. Como en el menú.

Intentando con desesperación mantenernos despiertos a pesar de nuestra hambre, aguardamos una hora hasta que por fin sentimos que golpeaban a la puerta.

Una pequeña y blanca torre de tostadas apareció en el plato, con pedacitos verdes de lechuga asomando por los costados. Levantamos una de las rodajas de pan.

El club sándwich resultó no ser más que pan, luego una capa de lechuga, otra rodaja de pan, un poco más de lechuga y una rodaja final de pan.

Creo que ni siquiera tenía mantequilla o mayonesa. Nos rendimos y nos fuimos a dormir.

Había tres horas de distancia en auto desde Qingdao hasta nuestra planta de producción y queríamos llegar temprano, alrededor de las 8 a. m., para asegurarnos de poder pasar allí la mayor parte del día que fuera posible. Así es que al otro día nos levantamos a las 4:30 a. m. y Mei pasó a buscarnos con un chofer a las 5 a. m. Salimos de la ciudad y pasamos rápidamente de transitar por rutas pavimentadas a hacerlo por rutas sin pavimentar.

Después de andar a las sacudidas por esos caminos durante varias horas, llegamos a un edificio pequeño y desvencijado en las afueras de una aldea, y Mei anunció que esa era nuestra planta de producción. "Esta es nuestra planta de producción", pensé, y miré a Felix con expresión de sorpresa y un rostro probablemente exhausto, pálido y afectado por el *jet lag*.

Entramos a una habitación larga, oscura y estrecha, con una ventana en un extremo y una máquina que se veía muy pesada con un embudo metálico y una gran cinta transportadora con bordes de metal. Esta era la máquina de extrusión, que convertía bolitas plásticas de colores en piezas derechas y largas que parecían *spaghetti*. Estas piezas largas de material salían escupidas de la máquina, y había una pila de ellas en el suelo en uno de los extremos. Luego se las envolvía alrededor de una barra de metal caliente para darles la forma de espiral antes de cortarlas en pedazos y, finalmente, las puntas se soldaban para terminar el anillo invisibobble para el cabello.

Antes de que pudiéramos hacer preguntas, debíamos reunirnos a tomar té con el jefe de producción, y nos sentamos en una habitación pequeña junto a donde estaba la máquina. Los muebles eran exactamente como podrían imaginarlos: sillas chinas muy grandes y de respaldo alto con recubrimientos dorados en los bordes y almohadones peludos. Junto a las sillas había un escritorio con una computadora cuyo monitor era grande y tridimensional, seguramente de los años 80. Todas las superficies que podía ver estaban cubiertas por una delgada capa de polvo.

Junto a la computadora había otra mesa baja con una cocina eléctrica sobre la que estaba apoyada una cacerola llena de agua, y debajo había una bandeja metálica con una parrilla encima que recolectaba el agua que pudiera rebalsar. Todo esto se encontraba sobre una tela empapada y llena de manchas de té. Nos sentamos en las ornamentadas sillas y el director de la fábrica, Xin, trajo unas tazas muy pequeñas y astilladas, algunas de las cuales tenían ganchos que cubrían las grietas. Xin estaba a cargo de producir nuestras invisibobbles, y Mei lo supervisaba, informándonos sobre las novedades del proceso en marcha. Esta era la primera vez que veíamos a Xin.

El té forma parte de la hospitalidad tradicional china, y lo peor que puedes hacer es no beberlo.

—De ninguna endemoniada manera beberé eso —dijo Felix en ese punto. Felix tiene una manía con las bacterias.

—OK, por esta vez me sacrificaré por el equipo —dije mientras asentía y sonreía, sabiendo que Xin no comprendería lo que decíamos.

Bebí un sorbo, pensando "puede que muera o no después de esto", y luego volví a sonreírle a Xin. Inmediatamente llenó de nuevo mi pequeña tacita y la de Felix, a pesar de que Felix no había bebido nada. Puse mi taza sobre la parrilla después de beber otro sorbo y volvió a llenarla, por lo que rebalsó hacia la tela, goteó hacia el suelo, y empapó la alfombra. Continuó llenando la taza a pesar de que yo no había bebido más, y el té seguía goteando hacia el suelo.

Mientras sucedía todo esto, intentamos hacerle un par de preguntas a Xin por medio de Mei acerca de cómo organizaba la fábrica, cómo había encontrado empleados allí y por qué las invisibobbles que no estaban cerradas se encontraban en una pila en el piso.

—¿Qué tan frecuentemente se limpia la máquina? —pregunté. Mei tradujo. Hubo un momento de silencio.

Luego Mei se volvió hacia nosotros: —¿Se limpia?

—Sí. Sabes, la máquina está sucia, parece llevar un buen tiempo sin ser limpiada.

Hubo una conversación de cinco minutos entre Mei y Xin, y luego Mei dijo: "No limpia la máquina".

Esto me revolvió un poco el estómago: si así es como trata a sus máquinas, ¿cómo trata el té que sirve? ¿Y cómo pueden estar limpias nuestras invisibobbles si pasan por esta máquina?

En un momento necesité ir al baño, por lo que pedí que me indicaran dónde estaba. Se encontraba atravesando otra habitación y doblando a la izquierda al final, explicó Mei, señalando una puerta a un par de pies de la chorreante mesa de té.

Abrí la puerta de lo que resultó ser un dormitorio. Estaba REPLETO de cosas apiladas casi hasta el techo y cubiertas con una sábana. Me asomé detrás de la sábana y vi cajas de juguetes con textos en chino, pequeñas cocinas eléctricas apiladas dentro de un auto de plástico para niños, y también montones de pilas de mantas suaves, del mismo tipo de las que había sobre las sillas chinas. Había una puerta a la izquierda de la cama, y la abrí para entrar al baño más desagradable que vi en mi vida. En un extremo había un lavabo partido sin jabón ni toalla y, en el otro, un inodoro. Un inodoro como ninguno que hubiera visto antes.

El inodoro tenía una cubierta rosa, peluda y manchada que no solo cubría la tapa, sino también el asiento. Y con "peluda" me refiero a que era realmente peluda. Superpeluda. Miré el inodoro pensando "este es el inodoro del hombre que me acaba de decir que jamás limpió la máquina de extrusión".

De ninguna manera iba a apoyar mi trasero desnudo en aquel asiento peludo. Prefería que explotara mi vejiga.

Fue un primer día muy frustrante. Sentimos que no teníamos las respuestas que necesitábamos con respecto a la producción y sabíamos que había muchas cosas que queríamos intentar mejorar. Antes de volver a nuestro hotel para diseñar un plan juntos, fuimos en auto a un pueblo cercano con Mei y Xin para cenar en un lugar que estaba dentro de un edificio enorme parecido a un auditorio, repleto de mesas redondas con platos giratorios para que las personas pudieran servirse la comida. En la entrada había grandes peceras llenas de mariscos vivos que las personas señalaban para indicar lo que querían comer.

Felix y yo notamos de inmediato un gusano marino de color pálido que honestamente se veía como un pene largo y flácido, con una apertura en un extremo que se abría y se cerraba, supongo que para respirar. Se retorcía con lentitud en el centro de la pecera, deslizándose entre los tentáculos de los crustáceos y ocasionalmente subiendo a la superficie para tomar aire.

Obviamente a Felix y a mí esto nos pareció fascinante y lo señalamos, algo que Mei entendió como una señal de que queríamos comer el gusano-pene (¿qué les pasa con los gusanos?), e intentamos asegurarle que de verdad, genuinamente, no lo queríamos. Luego señalamos unas pequeñas cosas marrones y huesudas con una especie de salsa brillante que estaban en la mesa del bufé junto a las peceras, y resultaron ser lenguas de pato.

Nuestra fascinación fue contraproducente, porque cuando insistimos en que no queríamos ni el gusano-pene ni la lengua, la respuesta de Mei fue: "¡no hay por qué ser tímidos!" e hizo señas a los empleados para que incluyeran un poco en nuestro pedido. Felix la detuvo diciéndole que podía pedir esas cosas si ella quería comerlas, pero que nosotros no lo haríamos.

Después de esa experiencia, comenzamos a decir que estábamos muy cansados después de esas largas jornadas y que preferíamos comer en el hotel.

Al día siguiente, nos llenamos con la mayor cantidad de comida de desayuno posible: huevos, tostadas, croquetas de papa, panqueques, frutas, yogur y waffles; además envolvimos bagels con queso crema y medias lunas con mermelada para guardar en nuestras mochilas, planeando comer bocados cuando pudiéramos a lo largo del día.

(Arriba)
Después de dar mi charla TEDx sobre invisibobble en Copenhague en noviembre de 2015.

(Derecha)
Durante mis vacaciones de Navidad de 2019 en Verbier (Suiza), donde terminé mi manuscrito para este libro.

(Arriba)
Uno de dos camiones listos para salir de nuestra fábrica en China en 2019 con el pedido más grande que recibimos en nuestra historia para un único tipo de producto. Consistió en un total de 11.1 millones de *hair ties*.

(Derecha)
Un camión de envíos que se incendió transportando nuestras invisibobbles. Afortunadamente, nadie resultó herido en el accidente.

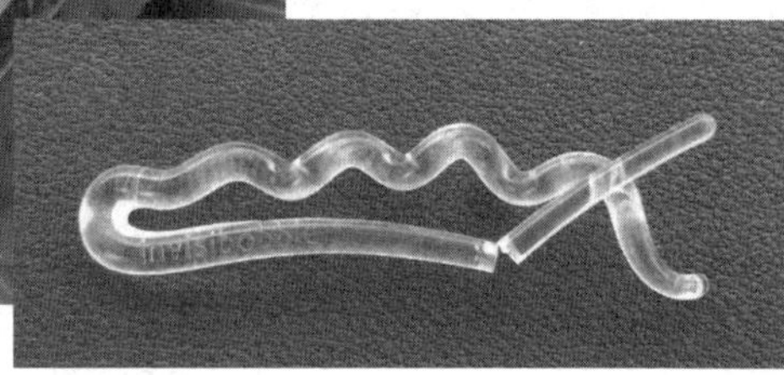

(Arriba)
Producción de nuestros Wavers (*hair clips*) en Alemania, 2019.

(Centro)
Un ejemplo de cómo se partían nuestros Wavers al poco tiempo de lanzarlos; este fue para nosotros un gran desastre. Reaccionamos rápido y lo solucionamos para la siguiente tanda de producción.

(Debajo)
El baño de una de las fábricas que visitamos en China, donde se manufacturan *hair ties* espiraladas para otras compañías que las distribuyen a todo el mundo.

(Arriba)
Felix y yo en la oficina en 2014, después de conseguir un gran acuerdo de distribución. ¡Estábamos de muy buen humor!

(Debajo)
Yo en un pub de Warwick en 2012, poco tiempo después de fundar invisibobble.

(Arriba)
Felix y yo exponiendo en nuestra primera gran feria comercial, Cosmoprof Bolonia, en 2014.

(Debajo)
Daniel y Niki, los cofundadores de New Flag, en Oktoberfest en Múnich, 2019.

(Arriba)
Yo en una feria comercial en Dubái.

(Debajo)
Yo visitando el "muro invisibobble" en una tienda de una gran cadena minorista en Los Ángeles.

(Arriba)
Nuestra colección navideña de invisibobble de 2019.

(Debajo)
Una de nuestras colecciones de artículos de Día de Trampa. Las propias *hair ties* estaban aromatizadas como dulces.

Nuestra invisibobble Original; el primer producto que lanzamos, y el producto más famoso de nuestro catálogo.

15.
Mei y la fábrica de invisibobble desaparecida, segunda parte

LO QUE APRENDÍ:

- **Visitar la China rural puede significar tener que probar todo tipo de comidas.**
- **Si tienes una persona que te solucione cosas en el extranjero, debes ser MUY específico con respecto a su rol.**
- **La producción tiene una importancia vital, y necesitábamos desde un primer momento una persona dedicada que se encargase de supervisarla.**

En el segundo día de nuestra visita a la fábrica china, volvimos para hacer más preguntas e intentar obtener respuestas. Después de la cena con Mei y Xin y nuestro segundo encuentro con gusanos y comida, Felix y yo volvimos al hotel y escribimos una larga lista de cosas que necesitábamos explicarle a Xin y cosas que no comprendíamos. No habíamos recibido respuestas con respecto a la cantidad de *hair ties* que se producían a diario, y no habíamos visto realmente a ninguna persona trabajando con la máquina o soldando los extremos de las *hair ties* para formar círculos, porque la única persona que habíamos encontrado allí el día anterior había sido Xin.

Queríamos saber esto para las auditorías que nuestros clientes minoristas vendrían a hacer, pero, además, necesitábamos que los trabajadores de la fábrica comprendieran la importancia de que los colores y el grosor de las invisibobbles fueran los correctos, y que los tamaños debían ser exactos para que pudieran entrar bien en el packaging. De esa manera, darían una sensación de producción en masa y serían consistentes tanto para los minoristas y salones que las vendieran como para las personas que llevaran nuestras *hair ties* en su cabello.

Al alba, después de nuestra llamada de despertador, dejamos nuestro hotel en Qingdao con las mochilas llenas de cosas que robamos del desayuno y nos metimos en el auto para recorrer, una vez más y a las sacudidas, las tres horas de ruta de tierra, dormitando mientras nuestras cabezas golpeaban contra las ventanillas. Cuando llegamos a la fábrica, nos encontramos con que, una vez más, estaba solo Xin. Habían limpiado la máquina de extrusión, al menos, y resultó ser plateada en lugar de negra. Además, habían colocado una cubeta en un extremo, así que las tiras de invisibobbles sin soldar ya no caían directo al suelo.

Comenzamos a repasar nuestra lista, y para cada pregunta la respuesta era "OK" y no mucho más. Yo preguntaba, por ejemplo: "¿Pueden asegurarse de que cada invisibobble tenga el mismo grosor?" y Mei traducía. Xin asentía cada vez y respondía con una palabra. Luego, yo decía: "Necesitamos que todos los colores sean consistentes. ¿Pueden asegurarse de que todos los colores sean consistentes?" y recibía la misma inclinación de cabeza con los ojos bien abiertos. Felix y yo intercambiábamos miradas de sorpresa mientras nos turnábamos para hacer consultas. Preguntamos más acerca de cómo las invisibobbles se enroscaban, cortaban y soldaban. Necesitábamos comprender cómo, después de que la larga tira de plástico coloreado salía de la máquina, era cortada en su longitud correcta.

Tras una larga discusión entre Mei y Xin, llegó la respuesta: "Simplemente cortamos".

—Pero ¿cómo se aseguran de cortarlas en la medida correcta? —pregunté.
—Dice "simplemente cortamos" —dijo Mei.

Respiré hondo.

—¿Puede mostrarme cómo las cortan?

Esa pareció ser la pregunta más difícil de todas. Después de otra larga conversación entre Mei y Xin, él levantó su mano haciendo una forma de tijera con sus dedos.

—No —dije—. Te estoy pidiendo que me muestres físicamente la manera exacta en la que cortan el material en tiras. —Levanté una tira de invisibobble y la coloqué en la mesa.

—Cortamos, así —dijo Mei, mientras lo demostraba con apenas un par de tijeras y sin regla.

Finalmente, hallamos una regla y dibujamos sobre la mesa la longitud exacta que debía tener cada invisibobble. Hicimos esto varias veces en la mesa en la que nos dijeron que se sentaban los trabajadores para recortar las tiras.

Estas mediciones tomaron la mayor parte de la mañana, y a la hora del almuerzo nos invitaron a un edificio que se encontraba al lado. La fábrica estaba helada y el comedor era supercálido, por lo que nos alegraba ir, en cierto sentido; en el sentido principal no queríamos hacerlo por lo que sabíamos que nos ofrecerían.

A pesar de que robamos comida del desayuno, no dominábamos aún el arte de escaparnos para comerla, y por algún motivo Felix decidió que era mi turno de ser educada y pretender que el almuerzo era delicioso. Apareció un plato con trozos de carne brillosos y de color acaramelado con huesos saliendo por los costados. Se veía fresco y estaba caliente, así que probé un bocado. Sabía a pollo en salsa de soja —nada mal— por lo que asentí y sonreí. Cuando algo te gusta, la costumbre china es darte más, y pronto llegó un nuevo plato. Xin sonrió y le dijo algo a Mei.

—Dice "¡te gusta pata de cerdo braseada!" —dijo Mei.

—¿Pata de cerdo? —preguntó Felix, disfrutando cada instante mientras yo dejaba de masticar.

—Sí, ¿cómo dice tú? ¡Pata de puerco!

Intenté sonreír, a pesar de que quería escupir violentamente en el suelo lo que tenía en la boca. Tragué mientras tomaba una nota mental de que la próxima vez sería el turno de Felix de sacrificarse por el equipo.

Teníamos muchas, muchísimas otras preguntas que no fueron aclaradas ni ese día ni el siguiente, pero Mei continuaba prometiendo que conseguiría las respuestas. Cosas como la cantidad de personas que trabajaban allí, la longitud precisa de material que la máquina expulsaba a diario, el volumen de invisibobbles que se producían por hora y por día, los horarios de trabajo y la cantidad de descansos que podían tomar los empleados.

Como respuesta a una pregunta particularmente detallada, Mei dijo: "No computadora".

—¿No computadora? —pregunté, intentando mantener la compostura mientras miraba a Felix.

—No podemos controlar número en computadora porque abuela de Xin la tomó prestada.

Felix estaba a una pequeña distancia detrás de Mei y Xin, levantó las cejas, luego se encorvó e hizo movimientos de escribir en un teclado con sus dedos. Tragué aire, intentando reprimir la carcajada.

—¿Dónde vive la abuela de Xin? ¿Podemos ir y buscar la computadora? Tenemos un chofer aquí —dije. Se desató otra larga conversación entre Mei y Xin.

—Él dice "su primo tomó computadora de la abuela y la necesitan para algo de una cosa de boda" —dijo Mei.

¿¡Algo de una cosa de boda!?

—Boda en dos semanas, van en barco, llevan computadora —dijo.

"¡Qué explicación tan obvia! Estoy tan aliviada de oír esta explicación", pensé.

De repente, un ruido que sonó como un pedo muy agudo salió de la boca de Felix, y tuve que voltearme para cubrir mis ojos con mis manos y fingir un estornudo. Intenté detener la risa volviéndome hacia el área de la cocina sucia para tomar una taza de té grisáceo, y fue mucho peor porque Xin se apuró a servirlo. Lo bebí y luego me reí tan fuerte que me salió té por la nariz y tuve que pretender que me había agarrado un resfrío espontáneo. Sin embargo, pronto me inundó una ola de frustración y los ojos se me llenaron de lágrimas. Habíamos hecho todo ese viaje hasta China para resolver nuestros problemas de producción y no estábamos logrando NADA. Se sentía como que estaban inventando todo.

—Xin dice que sabe todas las respuestas, dice los números, ustedes escriben en papel, entonces tienen registro —dijo Mei.

No teníamos más opción que aceptar, y lentamente Xin contestó nuestras preguntas por medio de Mei, pero nunca, ni una vez miró un papel o una carpeta para comprobar algo. ¿Cómo era posible que conociera todas estas cifras? Cada vez que nos daba un número, Felix lo escribía para que pudiéramos hacer las cuentas más tarde en el hotel de la entrada grande y dorada y los club sándwiches de lechuga y pan.

Tampoco pudimos ver dónde o cómo se enroscaban las tiras y se soldaban las puntas para llegar a la forma final y circular de la *hair tie* invisibobble, y aún no habíamos llegado a hablar sobre el packaging. ¿Dónde se empaquetaban las invisibobbles en los packs de tres unidades? ¿Quién supervisaba eso?

Xin accedió a mostrarnos cómo se enroscaban y soldaban las invisibobbles, y fue un shock terrible. El lugar de soldaduras estaba junto a la fábrica donde se encontraba la máquina de extrusión, y consistía simplemente en una mesa con unas seis sillas alrededor. Había unas varas de metal muy calientes apoyadas en la mesa; las personas derretían cada punta de las invisibobbles sobre las varas y luego las unían para que quedaran pegadas. No tenían guantes ni máscaras, solo sus manos desnudas. Insistimos inmediatamente en que, al menos, recibieran guantes y máscaras, pero más tarde supimos que este es el tipo de trabajo casual que los trabajadores del campo hacen por la tarde. Les dan una soldadora y sueldan invisibobbles desde sus hogares para conseguir algo de dinero extra (es un trabajo que requiere de cierta habilidad; intenté hacerlo una vez y me llevó seis minutos soldar apenas una invisibobble).

Sabíamos que teníamos un trabajo enorme en nuestras manos si queríamos optimizar la producción, hacer que los trabajadores de la fábrica mejoraran su calidad de vida y asegurarnos de que las invisibobbles fueran de la mejor calidad posible.

Una de las cosas en las que también insistimos fue en comprender más acerca de por qué nuestros colores a veces se veían gastados y otras veces eran demasiado opacos o demasiado vívidos. ¿Dónde se añadían los colores a las espirales invisibobble? ¿Cómo se mezclaban y pesaban? Presionamos a Xin y Mei para que tuvieran una discusión al respecto, y lograron que el proveedor de colores aceptara mostrarnos su lugar de trabajo.

Comencé a imaginar cómo se vería la fábrica de colores. Imaginé filas de estanterías, cada una con enormes frascos de vidrio con diferentes polvos de colores, todos alineados y comenzando desde arriba con los tonos negros y grises, luego el azul más oscuro y después verde intenso, verde césped, amarillo, naranja, rojo, rosa y púrpura. Imaginé todos los colores del arcoíris apilados desde el suelo hasta el techo creando un mundo hermoso e inspirador.

Lo cierto es que se veía como un basurero.

Ni siquiera podíamos ver los colores en polvo por la cantidad de basura que había alrededor. Un poco como en la fábrica de invisibobble, parecía haber cajas de juguetes, algunos colchones, aparatos eléctricos aleatorios y alfombras enrolladas. Había muy pocos pigmentos de colores por donde se mirara, con la excepción de una pequeña mesa de trabajo sobre la que había una balanza y algunos frascos pequeños.

Nos sentamos con el encargado (y esta vez era el turno de Felix de beber el té de agua de fregar), intentando explicar, por medio de Mei, cuán importante era medir los colores correctamente. El encargado sonreía y asentía, sonreía y asentía. En un momento necesité ir al baño, y el tipo señaló hacia un sector al fondo. No había un baño como tal: era más bien una suerte de espacio medio cerrado con una cortina donde podía ver un par de cubetas en el piso. Busqué con la mirada un inodoro, pero no lo hallé. Estaba bastante oscuro, y cuando mis ojos se adaptaron comprendí que las cubetas estaban llenas de líquido. Las cubetas estaban llenas de pis.

Por alguna razón, ese día decidimos pedirle al tipo que nos tomara una fotografía con Mei. Mirando esa foto hoy, Felix y yo tenemos un aspecto terrible. Parecíamos dos niños cuyos papás habían sido ejecutados. Entre el shock de ver las condiciones en las que algunas personas trabajaban, el agotamiento del viaje, la barrera idiomática, la comida desconocida, la suciedad y la falta de respuestas para todo, nos veíamos pálidos, confundidos y desolados.

¿Cómo podríamos alguna vez conseguir que nuestra fábrica cumpliera con los estándares que necesitábamos tanto para nuestros propios requisitos como empresa como para las auditorías de los minoristas, sin mencionar para las personas chinas que trabajaban allí?

Esa noche conseguimos evitar la cena con Mei. Estaba desesperada por comer algo normal, y en las afueras de Qingdao vi un KFC, conocido formalmente como "Kentucky Fried Chicken". Los restaurantes de comida rápida no suelen ser lo mío, pero en ese momento un cubo entero repleto de pollo caliente, empanado y frito, con su aroma dulce, parecía lo único que quería comer en el mundo entero.

Después de unos cinco minutos de conversación entre el equipo del restaurante, nos entregaron un envase pequeño. No era una cubeta y no había pollo empanado. En cambio, había una pila de alas de pollo en salsa de soja sobre arroz. Era definitivamente distinto a cualquier cosa que hubiera probado antes en KFC, pero lo comí.

La mayoría de los inodoros en China son del estilo "agujero en el piso", por lo que simplemente te sientas en cuclillas por encima, y no queda más opción que acostumbrarse a eso. Tras buscar un poco, encontré la puerta del baño. Baño, singular, ya saben. Sin embargo, en lugar de ser un pequeño cubículo cerrado y compartido por todo el restaurante, abrí la puerta y me encontré con un baño *comunal*, con una fila de inodoros de agujero en el piso, sin paredes que los separaran y tanto hombres como mujeres haciendo sus asuntos uno frente a otro, al mismo tiempo.

Por mucho que aceptara que esto era normal para las personas chinas, yo no podía hacerlo. Di muy rápidamente un giro de 180 grados y salí del baño y del restaurante. Sé que las cosas se hacen de manera diferente en todo el mundo, pero esta, la de los inodoros, fue uno de los mayores shocks culturales que recibimos.

Al final insistí en que el chofer me permitiera bajar en la mitad de la autovía y salté del auto, corrí hacia un arbusto cualquiera, me bajé los pantalones e hice lo mío al costado de la carretera sin que me importara que la gente me viera o que me pudiera picar una araña venenosa.

Al día siguiente, nos encontramos con más de lo mismo en la fábrica, y muy pocas respuestas. Nos robamos más comida del desayuno del hotel, apenas bebimos agua por temor a necesitar el baño, nos turnamos para tomar pequeñísimos sorbos del té chino y logramos que Mei comprendiera mejor que el tipo debía comprobar que las medidas fueran correctas todos los días. Aun así, no estábamos avanzando mucho.

Como todo parecía tan confuso, tan sucio y tan poco profesional, cada vez teníamos una sensación más fuerte de que no nos estaban diciendo la verdad, o de que otras fábricas estaban involucradas en la producción. Mei no nos daba respuestas y todo parecía ser parte de una gran mentira. Realmente necesitábamos entender cómo era el proceso completo —que idealmente se desarrollaría bajo un mismo techo— para que pudiéramos recibir una inspección.

Decidimos grabar en secreto las conversaciones entre Mei y Xin, porque después de aquel primer día en que no recibimos ninguna respuesta y el tipo de la producción parecía inventar números del aire, comenzamos a sospechar. Enviamos la grabación a un amigo chino para que la tradujera, pero nos dijo que las conversaciones eran bastante básicas y no parecían estar sucediendo nada raro.

Entonces intentamos una táctica diferente: un día nos presentamos en la fábrica sin avisar y sin Mei. La máquina de extrusión estaba apagada y había unos seis trabajadores chinos con cajas que estaban llenando de invisibobbles, listas para ser despachadas. No tenía sentido que convirtieran una fábrica entera en una estación de embalaje de un día para el otro, por lo que preguntamos qué estaba sucediendo y simplemente nos dijeron que era un día de empaquetado.

Había grandes bolsas llenas de *hair ties* invisibobble que los trabajadores abrían y apilaban en las cajas. ¿Por qué se molestarían en empacar grandes bolsas de nuestros productos solo para abrirlas y ponerlas en cajas? Algo no estaba bien.

Observé más de cerca las bolsas y tenían rótulos con caracteres chinos. Mei dijo que eran "códigos de lote", lo que sea que significara eso. Tomamos una foto y cuando volvimos a Múnich nuestro amigo chino hizo la traducción.

No había código de lote. Era una dirección en la ciudad de Linfen, a casi 600 millas de Qingdao.

Hope, mi amiga de la escuela, siempre había imaginado que se convertiría en una comerciante de petróleo, porque era una industria vertiginosa y dominada por hombres en la que creía que podía destacarse, tener una carrera apasionante y ganar mucho dinero.

Comenzó a aplicar a trabajos, dedicando días enteros a hacer operaciones falsas en una plataforma que había desarrollado el banco para evaluar potenciales empleados, con algún tipo condescendiente mirando por encima de su hombro y cuestionando sus márgenes de ganancias. Hope llegó a la conclusión de que si así era la prueba —que describió como una "experiencia horrenda e intensamente negativa"—, entonces trabajar en serio para uno de esos bancos probablemente sería peor. Empezamos a hablar sobre la posibilidad de que viniera a trabajar para invisibobble.

Hope sabía que invisibobble se había transformado en algo serio un par de años antes, cuando hicimos aquel viaje a Barcelona y yo me pasé todo el tiempo elaborando facturas. Adelantemos algunos años; yo estoy viviendo en Múnich, Hope, en Londres. Ella hizo una maestría después de que yo terminara mi carrera. Me visitó en Alemania un par de veces. Cada vez que venía, le enseñaba mis restaurantes preferidos y decía cosas como: "Este es el tipo de lugar al que voy a cenar un martes", a lo que Hope contestaba "ah, qué bien" y cambiaba de tema. Yo intentaba sutilmente descubrir si ella consideraría mudarse a Múnich y trabajar en invisibobble, porque es superinteligente y detallista y tiene un cerebro mucho más logístico que el mío. Pensaba que podría ser buena para las operaciones, o tal vez para las ventas.

Mientras más le contaba sobre la empresa, se mostraba más interesada. Comenzamos a hablar muy abiertamente al respecto. Expliqué que teníamos algunos vendedores, teníamos una distribución bastante buena e ideas para productos nuevos que queríamos desarrollar. Sin embargo, como Hope había estado tan convencida de su idea de trabajar en el mundo del petróleo, le preocupaba que invisibobble no tuviera nada que ver con sus habilidades, y, además, no tenía ni idea sobre la industria de la belleza.

Le recordé que Felix y yo tampoco teníamos idea sobre la industria de la belleza cuando empezamos, y le dije confidencialmente que a pesar de eso facturamos casi USD 7 millones el año anterior, apenas nuestro tercer año en el negocio.

En fin, yo estaba en Londres, celebrando mi 22° cumpleaños en una especie de elegante restaurante chino en el que todos nos estábamos emborrachando. Pensé que sería una buena idea sentar sutilmente a Hope junto a Dani (no se conocían), quien podría evaluar qué tan adecuada era como posible empleada de invisibobble. Como ella era mi amiga, necesitaba a alguien objetivo que pudiera descifrar si encajaría en el equipo. Nos encontrábamos en una mesa larga: Hope y Dani estaban frente a mí y yo estaba junto a Felix, de modo tal que podía escuchar a medias lo que estaban diciendo.

Hope tiene todo tipo de alergias alimentarias, por lo que había pedido para ella un menú especial que era diferente a lo que todos los demás estaban comiendo. Era una ensalada de pato, y resultó ser que, para Dani, ese era su plato favorito del menú. Hope en cierta forma sabía que debía impresionar a Dani, por lo que compartió con él un poco de su comida.

Luego, comenzó a acribillar a preguntas a Hope acerca de la industria del petróleo, indagando en profundidad porque es el tipo de persona a la que le gusta entrar minuciosamente en detalle sobre cualquier cosa, una especie de prueba para ver si la otra persona *realmente* sabe de lo que está hablando. Entonces, mientras Dani comía la ensalada de pato de Hope, ella le decía todo sobre el comercio petrolero y yo me emborrachaba al otro lado de la mesa. Hope metía una galleta de camarón en su boca de tanto en tanto mientras seguía respondiendo preguntas, y muy ocasionalmente me echaba una mirada como diciendo "¿quién es este tipo?". Yo no servía de nada porque era la chica del cumpleaños y había comenzado a beber *shots*, pero Dani se marchó y nos fuimos a una discoteca donde Hope al fin pudo beber un trago. No fue exactamente una entrevista convencional.

Dani estaba muy impresionado, y estuvimos de acuerdo en que Hope vendría a trabajar para invisibobble bajo el título tentativo de "Líder de proyecto" para el "equipo" de Investigación y desarrollo. Con el tiempo se convirtió en la responsable de Investigación y desarrollo, pero durante un período se transformó, en cierto modo, en la responsable de Producción, porque debíamos solucionar en forma urgente los serios problemas con nuestra producción en China.

Algunos años antes, Hope había ido a Pekín por un viaje de canto de su escuela, y se había alojado con una muchacha china y su familia. Un viernes por la noche, cuando Hope se dirigió a su dormitorio, le preguntó a la muchacha china qué estaba haciendo.

—Estoy viendo *Grey's Anatomy* —contestó.

Hope miró a su alrededor, pero no vio ningún televisor, sino tan solo un gran libro abierto de física que la muchacha tenía en su falda mientras se sentaba de piernas cruzadas sobre la cama.

La muchacha china estaba fingiendo que no estudiaba. A Hope le pareció que era una cuestión cultural por la que algunos estudiantes trabajaban muy duro, pero lo disimulaban para parecer *cool* o para aparentar que conseguían buenas notas sin esfuerzo. En realidad, estudiaban 18 horas por día para que sus papás estuvieran conformes. Ellos eran muy estrictos, y la familia vivía en una especie de recinto gris y monótono donde ella y su hermana practicaban el violín dos horas por día cuando no estaban estudiando.

La primera impresión que Hope tuvo de China era la de un lugar que era seguro, reglamentado y bastante aburrido. Eso estaba por cambiar dramáticamente.

Después de nuestro primer viaje a China, comprendimos que necesitábamos un plan B en forma urgente, y Hope iba a ayudarnos. Aún no estábamos recibiendo respuestas por parte de Mei sobre cómo se fabricaban nuestras invisibobbles, ni sobre los volúmenes que se producían a diario, ni sobre cómo gestionaban el control de calidad (*¡ja!*). No vismos por escrito ningún tipo de protocolo de salud y seguridad para los empleados, y no teníamos idea de si los guantes y las máscaras que habíamos conseguido para los trabajadores todavía se estaban usando.

Decidimos que debíamos dejar de hacer pedidos hasta recibir respuestas, lo que significó que Mei ya no le pagaría a la fábrica de producción.

Un par de semanas después de detener nuestros pedidos (Mei se había vuelto muy silenciosa), recibimos un e-mail que decía algo más o menos así: "Hola, pertenezco a su fábrica en Linfen, no nos pagaron por dos semanas. ¿Qué está sucediendo?".

¿Linfen? No teníamos una fábrica allí. Respondimos, incrédulos, pidiendo pruebas de que estaban produciendo invisibobbles. A modo de respuesta nos enviaron facturas y todo el papeleo que le habíamos pedido a Mei; cosas como las cantidades exactas de todos los productos que fabricaban para nosotros, cuántos producían por día, por semana y por mes, y a qué salón o cliente minorista se enviaban.

Resultó ser que una fábrica en Linfen y no en Qingdao, a casi 600 millas de distancia, había estado produciendo invisibobbles durante TRES AÑOS. Después de enviar múltiples e-mails descubrimos que había más de una fábrica en China produciendo invisibobbles que se enviaban a Qingdao. La fábrica de Qingdao se usaba únicamente para empaquetar, y Mei lo había sabido desde un principio. De hecho, ella fue quien orquestó todo el asunto.

Descubrimos que a lo largo de tres años Mei había subcontratado para la producción de nuestras *hair ties* a diferentes fábricas que enviaban mensualmente miles de invisibobbles por ruta a Qingdao, donde las empacaban y despachaban. Ella le pagaba a la fábrica de Linfen y a las otras, luego subía el precio de producción ENORMEMENTE, sumaba sus propios honorarios y nos pasaba el costo, pretendiendo en todo momento que la fábrica de Qingdao estaba haciendo nuestros productos. Mei nos había vendido a Felix y a mí sus servicios con mucha astucia, diciéndonos que gestionaría la fabricación por nosotros. Lo cierto es que, en realidad, no tenía ningún contacto directo en las fábricas que se especializaban en la producción de plástico, y no había gestionado el proceso en absoluto, por lo que no era de extrañar que nuestras *hair ties* en ocasiones vinieran en colores o tamaños raros.

Preguntamos a la fábrica de Linfen cuánto le estaban cobrando a Mei por producir invisibobbles, y la respuesta me hizo querer vomitar y llorar al mismo tiempo. Nos enteramos de que Mei nos había cobrado un exceso de unos USD 900.000 por año, y en tres años el total por el que nos había estafado ascendía a cerca de USD 2.8 millones.

Lo diré una vez más: NOS HABÍA ESTAFADO POR UNOS USD 2.8 millones.

Ese es el tipo de suma que puede fundir a una pequeña empresa, pero supongo que debido a que las invisibobbles se habían estado vendiendo con tanto éxito, nos las arreglamos para seguir adelante. Aun así, estábamos completamente furiosos y, por supuesto, llevamos a Mei a juicio.

Pero perdimos.

Perdimos el caso porque el juez no entendía la diferencia entre el hecho de que Mei contratara a una fábrica en forma directa y administrara el proceso productivo, como nos había dicho, y el de que subcontratara para todo el proceso de producción a muchas otras fábricas y tan solo se ocupara de administrar el empaquetado y el envío desde Qingdao. Ella había dicho muchísimas mentiras. Estábamos enojados y devastados, pero debíamos continuar.

16.
La muchacha cabello amarillo y la muchacha cabello naranja

LO QUE APRENDÍ:

- **Las gallinas pueden cruzar las lineas de producción.**
- **Es casi imposible fabricar productos de plástico a gran escala fuera de China.**
- **"Guardar las apariencias" es algo importante en China, y es muy dificil lidiar con eso.**

Después del desastre con Mei, necesitábamos entender exactamente qué fábrica en Linfen estaba haciendo invisibobbles, pero, además, sabíamos que debíamos buscar alternativas. Siempre es bueno conocer el mercado: quién fabrica qué cosa, cuánto cobran, etc., y como habíamos dependido tanto de Mei, no teníamos idea de cuáles eran nuestras opciones. Ese fue el primer trabajo de Hope, y la acompañé en un viaje para investigar.

Hope y yo nos conocemos tan bien que casi podemos leernos la mente aun con el más minúsculo gesto de la boca o con una ceja apenas levantada, y en China desarrollamos una manera de comunicarnos sin hablar. Una pequeña inclinación de la cabeza significa "encuéntrate conmigo en el baño para que podamos hablar", y a pesar de lo mucho que odio los baños de las fábricas chinas, esos eran básicamente los únicos lugares donde podíamos tener una conversación.

Como ya sabemos, en China hay una versión falsa para todo, y Hope y yo terminábamos intentando hallar los artículos que más risa pudieran darnos.

Uno de mis favoritos es un *sweater* con la palabra "Ballinciaga" impresa (Balenciaga es una marca de moda española muy lujosa) que ahora guardo en mi maleta de ropa que solo uso en China.

Yo soy alta (en China), tengo cabello largo, rubio y lacio, y Hope es una pelirroja con muchas pecas; además de detenerse a mirarnos donde quiera que fuéramos, la gente empezó a sacarnos fotos. Recuerden que hablamos de la China rural, muy muy lejos de las ciudades, por lo que es poco probable que las personas con las que nos encontrábamos hubieran visto a muchos occidentales antes, y menos todavía a dos mujeres que seguramente les parecieron extrañas.

No eran únicamente los administradores de las fábricas quienes nos tomaban fotos, sino también las personas en las líneas de producción, que interrumpían lo que estaban haciendo, levantaban sus teléfonos y los apuntaban hacia nosotras sin preguntar. Llegó a un punto en que nos sujetábamos el cabello en coletas y usábamos gorras, además de nuestros holgados *sweaters* Ballinciaga, solo para atraer menos atención. Sin embargo, como en China puede que conozcas a alguien y el perro de la esposa de su primo conozca a alguien más en una fábrica al otro lado del país, las fotos que la gente nos tomaba, de alguna manera, llegaban a diferentes partes de China, a distintas fábricas y productores, y de alguna manera todos llegaban a la conclusión de que éramos de invisibobble.

Por si no lo recuerdan, al principio gestionamos la manufactura de nuestros productos por medio de Alibaba. A menudo me llegaban mensajes de alguna persona en China que intentaba vender una tapa para un frasco, o un estuche para un sostén, cosas aleatorias como esas; y unas dos semanas después de aquel viaje recibí un e-mail por nuestro sitio web que decía algo así como: "*Hola. Vemos a ustedes muchacha cabello amarillo y muchacha cabello naranja entrar a fábrica China, buscando fabricante. Nosotros puede ser fabricante. ¡Contactar ahora!*".

Recibí muchos más de ese tipo de e-mails, y los ignoré. Dios sabe en los teléfonos de cuántas personas hay fotos mías y de Hope.

La muchacha cabello amarillo y la muchacha cabello naranja fueron a todo tipo de fábricas de accesorios para el pelo, en un taxi que las pasaba a buscar a las 5 a. m. para recorrer numerosas rutas de tierra evitando rocas en medio del camino durante períodos interminables de tiempo. Cada visita a una fábrica fue más y más decepcionante, y, en ocasiones, estremecedora.

Durante nuestros viajes incluso vimos algunas fábricas que producían *hair ties* espiraladas para grandes minoristas europeos. Como ya lo expliqué, es una práctica bastante habitual que las tiendas hagan sus propias versiones de artículos de marca, y algunos de los minoristas a los que proveíamos con invisibobbles comenzaron a producir *hair ties* espiraladas bajo sus marcas propias, claro que las del tipo que se abrochan a un pedazo de cartón y se venden como cualquier goma elástica común para el cabello. Ver esto era realmente extraño, pero debíamos aceptar que simplemente era esperable que como a nuestro producto le había ido bien, los minoristas comenzaran a hacer sus propias versiones.

Muchas veces encontrábamos máquinas de extrusión similares a la de la fábrica de Qingdao, instaladas sin que nadie las usara, y preguntábamos por qué estaban inactivas. Los encargados de las fábricas contestaban que no estaban extrudiendo ese día, pero nos daba la sensación de que nunca lo hacían, de que las máquinas simplemente estaban allí para aparentar y que recibían productos desde otras partes del país para solo empaquetarlos. Los encargados de las fábricas nunca querían decirnos la verdad debido a la cultura china de querer "guardar las apariencias".

Utilizamos un material llamado TPU[43] que posee propiedades particulares al ser expuesto al calor; eso significa que, como ya lo comenté, puedes colocar una invisibobble en agua caliente y volverá a su forma original si se estiró. También existe el PU[44], que no se vuelve a encoger en agua caliente, sino que se mantiene estirado. En una fábrica había bolsas por todos lados con rótulos que decían PU, y le pregunté al encargado cuál era el material con el que trabajaban.

—TPU —dijo.

—¿De veras? ¿Por qué hay bolsas por todos lados que dicen "PU"? —pregunté.

—Esas no son bolsas de PU —dijo.

—Pero allí dice PU —respondí.

—Tomamos la bolsa de productos de TPU, la vaciamos y llenamos una bolsa de PU.

Este fue uno de los muchos momentos *WTF* en los que hacíamos preguntas directas y recibíamos respuestas muy confusas, extrañas o inventadas. Podría

43. Por sus siglas en inglés, *Thermoplastic Polyurethane*, 'poliuretano termoplástico'. *(N. del T.)*
44. En español, poliuretano. *(N. del T.)*

perfectamente haber estado haciéndole preguntas a una uva y hubiese recibido muchas más verdades.

En otra fábrica vimos la maquinaria que se encontraba del lado izquierdo de un largo edificio, y había un montón de cáscaras de maíz desparramadas por todo el piso.

—¿Por qué hay tanto maíz en el piso? —le preguntó Hope al tipo que nos estaba mostrando el lugar.

—Para los pollos —dijo.

*Gallinas. Por supuesto, los pollos. Una fábrica d*e hair ties *espiraladas con pollos. Seguro.*

—¿Pollos? ¿Por qué tienen pollos en la fábrica?

—¡No hay pollos en fábrica! —dijo el tipo, enojado.

Sin embargo, allí estaban, cerca de 12 pollos cacareando por el piso, justo frente a nosotros. Algunos de ellos tenían grandes zonas calvas o apenas algunas plumas, y estaban picoteando y corriendo en todas las direcciones.

—¡Pero veo que los pollos están correteando aquí mismo!

—¡Fábrica termina aquí! —Señaló una línea invisible en la mitad del gran espacio en el que nos encontrábamos.

"Por supuesto. Esa mitad es para los pollos y esta mitad es la fábrica, qué tontas somos", pensó Hope y me miró. Yo intentaba evitar ahogarme del shock y la risa.

Luego vimos el área donde se soldaban las *hair ties* espiraladas y era mucho, pero mucho peor que tener cualquier tipo de ave correteando por el lugar.

Había siete u ocho mujeres sentadas en una mesa y soldando los extremos de las *hair ties* para unirlas, pero no tenían guantes ni máscaras, y algo muchísimo más grave era que algunas de ellas tenían bebés en sus faldas, que agitaban sus pequeños brazos y piernas a pulgadas de distancia de las muy calientes soldadoras.

No había manera alguna de que jamás fuéramos a usar esta fábrica, y le grité al encargado que estaba poniendo en riesgo las vidas de las personas. Me gritó algo en chino y levantó su puño como respuesta. Debíamos salir de ese lugar.

Más tarde, en el mismo viaje, visitamos una gigantesca fábrica que hacía horquillas, también conocidas como pasadores, porque tuvimos la idea de hacer una versión invisibobble sin metal (lo explicaré más adelante). La fábrica probablemente produzca algo así como el 60% de los pasadores del mundo, y yo había leído que estaba certificada por una afamada empresa de auditorías, lo que significa que era reconocida por tener ciertos estándares de calidad y seguridad. Tenía expectativas muy altas, e imaginaba que sería la fábrica más grande y eficiente que hubiera visto en toda mi vida.

Todo comenzó bien, porque entramos a una verdadera sala de reuniones donde exhibían con orgullo todos los logos de las empresas para las que fabricaban horquillas, y el tipo que nos atendió sabía hablar un poco en inglés. Nos trajeron muestras de todo lo que hacían y luego les pedimos ver la línea de producción. Estaba entusiasmada porque esperaba ver una máquina inmensa, tal vez de 25 metros de largo, que estirase el metal para que pudiera ser moldeado hasta alcanzar la forma deseada. Pensé que veríamos miles de pasadores siendo expulsados por minuto para luego atravesar las máquinas de pintura y así salir de diferentes colores. Luego habría montones de personas clasificando y empacando los productos antes de que fueran enviados a casi todos los países del mundo.

Sin embargo, los encargados de la fábrica intentaron desalentarnos, diciendo que estaban limpiando las máquinas y que podrían responder cualquier pregunta que tuviéramos en la oficina. Insistimos diciendo que si íbamos a fabricar productos con ellos necesitábamos ver la producción. Uno de ellos hizo una llamada telefónica en chino, luego colgó y dijo que las máquinas ya habían terminado de ser higienizadas y que no había problema en que las viéramos.

Entramos a una sala inmensa y de techos muy altos, básicamente la fábrica más grande que hubiera visto en mi vida, y estaba ocupada por enormes maquinarias; pero se encontraba extrañamente silenciosa, y hacia el final de la gran sala pude vislumbrar apenas una mujer de aspecto abatido sentada en una silla y sosteniendo una pequeña bolsa de plástico en un extremo de una cinta transportadora. Sobre la cinta iban tres pasadores que la mujer recogió y puso en la bolsa y dentro de la caja de cartón que llevaba en su falda. Luego aguardó cerca de un minuto al siguiente lote.

Eso era todo. No había nadie más en toda la fábrica, la fábrica que producía la mayor parte del suministro mundial de pasadores.

Hope preguntó dónde estaban todos los demás.

—Almorzando.

—OK, no tenemos problema en esperar a que regresen —comentó Hope.

—En realidad, muchos de ellos tienen el día libre —respondió el tipo de la fábrica.

—OK, regresaremos mañana —dijo Hope.

—No es necesario, ya tienen el papeleo, vieron nuestros protocolos, no hace falta que regresen —respondieron.

Una vez más, no estábamos llegando a ningún lado, y nada tenía sentido. Básicamente, estaban diciendo esto: "O bien quieren fabricar aquí, o bien no. Vieron el documento que dice que cumplimos con las normas ISO, ahora váyanse y dejen de ser un dolor en el culo".

A pesar de esto, insistimos e insistimos, haciendo más y más preguntas. Recibimos respuestas en el rango de "no tenemos ningún encargo por cumplir en el momento" hasta "debimos detener el funcionamiento de las máquinas por esta semana porque mi primo está enfermo y todos los empleados de la fábrica necesitan cuidar de su paloma bebé" y "mi abuela necesitaba tomar prestada la computadora que hace funcionar la fábrica".

Empezamos a ser un poco más duras y finalmente dijimos que no les creíamos, y que no nos iríamos hasta obtener respuestas.

Finalmente, nos dijeron la verdad.

La línea de producción que nos mostraron solo hacía muestras.

Esa no era la fábrica real; en otras palabras, quien fuera que había marcado los casilleros y elaborado el papeleo lo había hecho para lo que efectivamente era una fábrica falsa. Era una fábrica montada que usaban para inspecciones, y cuando descubrimos que tenían otras tres plantas de producción y pedimos verlas, el encargado de la fábrica dijo que no, porque eran "muy malas". Nos fuimos deprimidas y derrotadas. Nuestras expectativas para esta fábrica eran altas y queríamos desesperadamente hallar consuelo en que había algún lugar en China donde la gente fuera tratada de manera justa, pero lo único que encontramos fueron mentiras y encubrimientos.

También estábamos tristes por el hecho de que lo que descubrimos con esta línea de producción de pruebas significaba que grandes compañías multinacionales básicamente estaban mirando para el otro lado con respecto al trato que recibían algunos trabajadores de fábricas chinas. Sus "inspecciones" no eran más que ejercicios de marcar casilleros. A la vez, era muy frustrante saber que a menudo estas grandes empresas insistían en que las empresas más pequeñas, como la nuestra, fueran correctamente auditadas, algo bastante hipócrita.

Las razones por las que las personas manufacturan ciertos productos en China son la rentabilidad y el hecho de que los chinos tienen décadas de experiencia en tomar materias primas y convertirlas en diferentes tipos de plástico para luego fabricarlas a escala. Ningún otro país puede realmente estar a su altura.

Vimos esto en escala masiva cuando fuimos a Yiwu, donde se encuentra el mayor mercado mayorista de productos básicos del mundo. Comprendimos en el avión que nos íbamos a encontrar con algo diferente en ese lugar por la variedad de nacionalidades que volaban a la ciudad y por las inmensas maletas vacías que retiraban de la cinta de equipajes.

El mercado tiene más de 75.000 tiendas ubicadas en varios niveles. Venden todo lo que alguna vez hayan visto en tiendas de regalos en el exterior, desde amuletos de ojos turcos hasta imanes de columnas griegas para la nevera, Budas hindúes de madera y estatuas de la Libertad de plástico. Las fábricas alrededor del mercado producen cerca del 60% de las decoraciones navideñas de todo el mundo, y el mercado en sí era un lugar apabullantemente grande, ruidoso y no muy limpio. Me deprimió un poco. La gente se va de vacaciones y piensa que compró algo auténtico, pero lo más probable es que haya salido de este mercado.

También dedicamos mucho tiempo a intentar manufacturar invisibobbles en Europa, pero ese tipo de experiencia con materias primas y velocidad de producción simplemente no existe. Las personas no quieren y no acceden a trabajar en líneas de producción soldando *hair ties*. Es distinto en el caso de algunos de nuestros otros productos que se fabrican con moldeo por inyección; pueden ser elaborados íntegramente por una máquina y no necesitan de terminaciones a mano, por lo que podemos hacerlos en Alemania.

Hacia el final de nuestro viaje, teníamos una idea de cuáles fábricas realmente elaboraban cosas y cuáles no. Detalles pequeños como los carteles de "empleado del mes" nos hacían sentir que eran verdaderos productores que se preocupaban por sus empleados.

Prácticamente en nuestro último día entramos en una fábrica en Linfen y supimos que era LA INDICADA. Fue realmente una experiencia surreal.

Después de todo por lo que pasamos con Mei y la fábrica falsa, y tras las condiciones terribles en las que vimos trabajar a la gente, casi no creíamos que fuéramos a encontrar la verdadera planta de producción. Sin embargo, entramos y ahí estaban nuestras bolsas de invisibobbles, todas etiquetadas con colores y códigos de lote, prolijamente apiladas y listas para ser enviadas. Todavía éramos cautelosas e hicimos varias preguntas con respecto a todo lo que nos dijeron. Finalmente accedimos a hacer con ellos una prueba de envío directo, y todo salió bien.

Hope comprobó que todos los empleados tuvieran contratos, recibieran un salario justo y tuvieran buenos baños y áreas de descanso. Se aseguró de que hubiera procedimientos adecuados en caso de incendio y de contratar a alguien que supervisara las normas de seguridad, y esa es la fábrica con la que aún producimos. Ahora tenemos a un tipo en el lugar en el que confiamos para que nos ayude con todo. Sabe perfectamente que nos gusta la evidencia y odiamos las mentiras.

El siguiente abismo cultural que debíamos intentar atravesar fue mucho más sencillo, pero tuvo sus propios desafíos: Estados Unidos.

17.
Desastre del día

LO QUE APRENDÍ:

- **Si vas a transportar productos en barco, consigue un seguro que cubra TODO.**
- **La rebaja es lo peor.**
- **Separa al menos un poco tu trabajo de tu vida personal.**

2015 resultó ser el año en que acuñamos un nuevo término empresarial: "desastre del día". Incluso creamos una sigla: DDD. A pesar de que enfrentamos la destrucción de nuestra fábrica por un tifón y la imitación de nuestros productos (varias veces), esas eran apenas dos de las muchas cosas malas que nos sucedieron.

Durante aquel verano, Felix había insistido en que dejáramos de enviar invisibobbles desde la fábrica en China hasta nuestro depósito en Múnich por vía aérea debido a la cantidad de dinero que nos estaba costando. Pero transportar productos en barco no es algo particularmente simple. Puedes poner un palé en un barco, pero, en realidad, no es un gran ahorro de dinero, debes enviar enormes cantidades por mar para que la operación sea rentable.

Hacer un envío de invisibobbles por barco es muy estresante puesto que están atrapadas en un carguero por entre ocho y diez semanas, algo complicado considerando que estábamos atravesando una etapa de gran crecimiento y los salones y minoristas querían tener sus productos en poco tiempo. Sin embargo, llegamos al punto en que teníamos suficientes encargos como para llenar medio contenedor con packs de invisibobbles: 400.000 packs de tres unidades, es decir 1.2 millones de *hair ties* en total. Un cargamento, ¡un montón de productos!

Ese año produjimos una nueva colección de colores para el verano, por lo que debían llegar lo antes posible a Europa para entrar en las tiendas mientras todavía fuese verano; la colección conformaba la mayor parte de nuestro medio contenedor. No habíamos recibido actualizaciones sobre el lugar exacto en el que se encontraba el barco, pero sabíamos la fecha en la que debía llegar a Hamburgo. La fecha llegó y pasó, y no había ningún barco ni ninguna noticia de dónde se encontraba.

Un día Hope recibió un e-mail. Este era el asunto: "Ups, el barco se prendió fuego y ahora ha sido capturado en la costa de Somalia".

Era un desastre.

Eso fue básicamente todo lo que recibimos. Luego, llegó otro e-mail: "No podemos abrir ningún contenedor por el riesgo de gases tóxicos".

Luego, otro: "Hemos logrado abrir el contenedor y sus productos se encuentran intactos".

¡Uf!

Y finalmente: "Deben realizar una prueba de toxicidad al recibir los productos, por si acaso".

Eso sonaba razonable.

Cuando recibimos el envío, Hope y yo partimos rápidamente hacia el depósito en las afueras de Múnich. Las invisibobbles definitivamente no estaban intactas. El packaging se había derretido parcialmente, pero lo más extraño de todo, algo que aún hoy no puedo explicar, es que algunas invisibobbles parecían haberse evaporado. En lugar de tres por pack, había una y media, con la mitad pegada al fondo del packaging. La mayoría de los packs habían sido destruidos.

"¡Pero tenemos un seguro!", pensé. Comprobé nuestra póliza.

No teníamos cobertura por incendios.

Por supuesto que no la teníamos, porque no imaginábamos que el incendio de un barco pudiera ser un problema para nosotros (después de esto, pagamos un bono y logramos recuperar algunos miles de dólares, pero tardamos años en cobrarlos).

Debimos hacer un envío aéreo de una gran cantidad de invisibobbles más para compensar los 400.000 packs, que tenían un valor de venta de unos USD 3.2 millones. Una vez más, esto podría haber destruido nuestro negocio, pero logramos sobrevivir gracias a que nuestras ventas eran buenas. Este es otro ejemplo de cómo, aun en 2015, todavía éramos niños intentando salir adelante con nuestro negocio. Éramos una combinación de ingenuidad e impulso para hacer que invisibobble funcionara a largo plazo.

Alrededor de la época en que estábamos resolviendo el tema de nuestra producción en China, notamos también que las ventas en nuestros mercados existentes habían comenzado a decaer, y nuestros distribuidores nos decían que esto se debía a que las invisibobbles no eran más que una moda. Estábamos incorporando nuevos países constantemente y eso compensaba nuestras pérdidas, pero esa estabilidad no podía ser el objetivo; es necesario que haya crecimiento. Además de las imitaciones que ingresaban en el mercado, teníamos un enorme problema con nuestros precios en algunas regiones.

El minorista, al colocar productos en sus estanterías, es quien decide, en última instancia, a qué precio venderlos. Un fabricante de productos tan solo puede sugerir un precio minorista, o PVP[45] (en EE. UU. es el precio minorista sugerido por el fabricante, o MSRP[46]), pero el minorista no tiene la obligación legal de vender tus productos a ese precio. Negociamos con los minoristas tanto como nos es posible para evitar rebajas, porque una vez que entras en ese juego, la marca puede resultar dañada y los productos pueden convertirse en una mercancía barata como cualquier otra *hair tie*.

Notamos que los minoristas a los que proveía una distribuidora particular de Dinamarca no estaban teniendo suficiente cuidado de que los productos fueran vendidos por su valor real. Insistimos para que se asegurara de que invisibobble se vendiera sin descuento, pero las rebajas continuaron. Finalmente, debimos hacer una negociación más agresiva con ella y cancelamos

45. Precio de venta al público. En inglés, *RRP, Recommended Retail Price,* 'precio minorista recomendado'. *(N. del T.)*

46. En inglés, *Manufacturer's Suggested Retail Price. (N. del T.)*

nuestro contrato, pero luego la distribuidora hizo sus propias imitaciones y las vendió a peluquerías de Dinamarca, el país desde donde operaba. Entonces, nos asociamos a otro distribuidor que estaba en Finlandia, y pasamos a ser muy fuertes allí, pero no tanto en Dinamarca.

Es una especie de equilibrio: juegas rudo con los distribuidores y minoristas por el precio. Si retiras tu contrato, pero el producto sigue siendo importante para ellos, corres el riesgo de que fabriquen imitaciones. Las rebajas no son buenas para la construcción de una marca, y todo se vuelve más complicado al vender en una plataforma como Amazon, con la que creo que la mayoría de los fabricantes tienen una relación de amor-odio (en el capítulo 24 explico más sobre Amazon).

Entre los problemas con la fábrica de China, el barco que se incendió, la caída en las ventas, las imitaciones y las rebajas en 2015, había también otro problema. Felix y yo éramos grandes socios en la empresa, y desde el principio trabajamos juntos en invisibobble, leyendo todos los e-mails entre los dos, empacando cajas de *hair ties* nosotros solos y pasando casi la totalidad de nuestros días construyendo la marca. Tuvimos muchas experiencias, desde empacar aquel maldito palé hasta lidiar con el tifón en China y resolver los DDD. Pusimos todo nuestro amor en invisibobble y en cada uno.

Yo lidié con los cambios de humor de Felix, como aquella vez en que se enojó tanto que arrojó los auriculares de su teléfono al otro extremo del cuarto y se rompieron en cientos de pequeños trozos que luego, silenciosamente, levanté con las manos, desenterrándolos de la carpeta peluda y colocándolos nuevamente en su escritorio.

Felix aprendió que mi instinto con respecto a la marca solía ser acertado. Accedió a encargar la producción de las invisibobbles Candy Pink y Crystal Clear, confiando en mi palabra de que se venderían a pesar de que él creía que ocho colores diferentes eran un exceso. Y aun cuando me dijo que recobrara la compostura aquella tarde solitaria que pasé en la biblioteca de Warwick, cuando sentí que me encontraba al borde de una crisis, lo respeté por animarme a sobrepasar uno de mis momentos más difíciles.

Hasta el día de hoy, él me llama 10 veces a lo largo de 12 horas para recibir actualizaciones sobre cómo está saliendo un negocio con un minorista; no porque crea que yo no puedo manejarlo, sino porque se preocupa muchísimo por la marca. Créanme, es un empresario increíble.

Y si bien en ocasiones discutíamos, Felix y yo llegamos a un punto en el que él comenzó a ocuparse de las finanzas y las operaciones y yo, de la marca y las ideas creativas. Sabíamos en qué aspectos del negocio éramos mejores y confiábamos en el otro para que los manejara. Nuestros roles se separaron, y estábamos dedicando tanto tiempo al negocio que no le dedicábamos mucho a nuestra relación. Comenzamos a salir cuando teníamos 16, y para 2015 llevábamos 7 años juntos. A medida que las cosas progresaron en invisibobble, en cierta forma retrocedieron entre nosotros. Supongo que estábamos tan concentrados en el negocio que nos olvidamos de "nosotros". Y, entonces, un domingo soleado en Múnich, Felix vino a mi departamento y decidimos separarnos. Fue una especie de DDD personal para ambos, y estábamos muy tristes, pero sabíamos que era lo mejor.

No toleraba la idea de ir a trabajar el lunes y tener que sentarme en mi oficina todo el día con Felix alrededor, por lo que reservé un vuelo a España para ir a ver a mi mamá por una semana. No había planeado tomarme un tiempo ese verano, pero el viaje se convirtió en mis vacaciones. Cuando regresé a la oficina, Felix se había tomado dos semanas de vacaciones de verano. Y cuando, finalmente, los dos estuvimos de nuevo en Múnich, me sentía mucho mejor. Habíamos hablado acerca de si separarnos significaría que alguno tuviese que dejar la empresa. Lo cierto es que la estábamos pasando muy bien manejando invisibobble y ninguno de los dos quería irse. Decidimos que éramos lo suficientemente adultos como para seguir trabajando juntos.

En 2015 comenzamos a contratar personas (algo que de por sí es difícil) y teníamos un staff de unos 20 empleados, desde un encargado de depósito hasta una persona para las cuentas, gente que ayudaba a Hope en el equipo de Producción y un par de personas en Marketing. Se sabía que Felix y yo estábamos juntos, pero no hicimos ningún tipo de anuncio cuando nos separamos. Estábamos construyendo un equipo, y lo último que queríamos era que la gente perdiera su fe en nosotros o en la empresa.

Lo ocultamos durante un tiempo, pero inevitablemente salió a la luz. En una ocasión, durante un viaje de negocios, me encontré con Zelda en el *lobby* del hotel y me preguntó dónde estaba Felix.

—Supongo que está durmiendo una siesta —dije, encogiéndome de hombros.

—¿Acaso no lo dejaste recién en tu habitación? —preguntó.

Entonces le cayó la ficha.

—Ah. Ya no están juntos.

Habían pasado unos seis meses desde nuestra separación y nos las habíamos arreglado para mantenerlo en silencio. A menudo la gente nos preguntaba cómo lográbamos administrar el negocio siendo una pareja. Pasó lo mismo cuando nos separamos, pero creo que se trata de pensar en grande y mantener tu vida privada separada del trabajo.

Siempre me pareció que es extraño pasar de tener una persona en tu vida con la que compartes todo, incluyendo la cama, a luego no hablarle nunca más. En ese sentido, para nosotros, es muy bonito que como resultado de haber tenido esta relación hayamos creado esta marca y esta empresa desde cero, y es un negocio del que esperamos poder beneficiarnos por el resto de nuestras vidas.

18.
Tres en una cama

LO QUE APRENDÍ:

- **Puede que los estadounidenses te digan que eres genial, pero no siempre lo dicen en serio.**
- **Si entras en un nuevo mercado, trabaja con expertos.**
- **Los imitadores llegan A TODOS LADOS.**

Todo el mundo nos dijo que estábamos locos por tan solo pensar en tocar Estados Unidos. Comenzamos a tener conversaciones acerca de vender allí en 2014, y queríamos hacerlo porque al ser un mercado tan masivo era una enorme oportunidad.

Sin embargo, la gente nos dijo que era una pésima idea, porque es un lugar muy litigioso. Alguien podría tragar una invisibobble a propósito o ahorcarse a sí mismo con una y luego intentar demandarnos. Decían que la marca era demasiado europea en cuanto a su aspecto y en cuanto a cómo nos promocionábamos. También decían que los estadounidenses solo trataban con otros estadounidenses.

Hay más de 300 millones de personas en Estados Unidos, a quienes proveen servicios algunos de los mayores minoristas masivos del mundo. Los productos de belleza y para el cabello se venden en supermercados, tiendas departamentales de lujo, cadenas de belleza exclusivas y tiendas especializadas. Una de las maneras de llegar a los compradores es hacerlo por medio de las ferias de comercio, específicamente la edición de Cosmoprof de Las Vegas, una versión más pequeña del evento de Bolonia.

En julio de 2015, Felix y yo tomamos un vuelo directo a Los Ángeles después de una de nuestras visitas a las fábricas chinas, y desde allí viajamos a Las Vegas donde nos encontramos con Dani, que había llegado desde

Múnich. Resultó que había una reserva de tan solo una habitación para los tres, por lo que debimos compartir una cama grande y sudorosa en un hotel gigantesco de Las Vegas, donde rara vez sabíamos si era de día o de noche por todas esas luces brillantes, y el edificio es tan enorme que hace una especie de zumbido constante por la noche. Esto no era lo ideal para nuestro *jet lag*, y en un momento me desperté atrapada entre mi ahora exnovio y su hermano. Pasé un breve tiempo intentando descifrar a qué hermano montaría a horcajadas para salir de la cama, pero me rendí enseguida, y opté por una especie de meneo para bajar por el medio de la cama, por debajo del edredón y hacia el piso.

Fui hasta el baño y me miré en el espejo. Pensé: "Soy una mujer adulta. Soy la fundadora de una empresa exitosa y esta es la entrada profesional a los Estados Unidos de América. ¡Sí!".

Mi reflejo decía otra cosa. Eran las 5 a. m. Era la fundadora exhausta y con *jet lag* de una empresa que había sufrido montones de DDD, y aquí estaba, vistiendo una camiseta de diseñador de imitación y debiendo compartir una cama con dos hombres sudorosos, sin saber si triunfaríamos en EE. UU. o si, incluso, podría mantenerme de pie durante otros diez minutos, y ni hablar de hacerlo durante las diez horas que duraría la feria de negocios.

Desperté a los muchachos y nos dirigimos al centro de convenciones para armar nuestro stand. Era bastante similar a la feria de Bolonia, pero más pequeña, y a menudo recibíamos reacciones similares por parte de la gente: ¿dónde está el adulto?

Una vez que las personas comenzaron a hablar con nosotros, sus reacciones iban desde "¡Maravilloso!" o "¡Taaaan *cool*!" hasta "¡Su marca es IN-CRE-Í-BLE!" y "Son geniales, chicos". Después de tres días de pasar por esto, me dolía la cara de tanto sonreír (y me dolía la cabeza por todos los vodka tonics que tomábamos cada noche).

Los estadounidenses estaban muuuuy entusiasmados por invisibobble, y volamos de regreso a Múnich superexcitados por sus increíbles reacciones. Pensando: "Sí, después de esto podemos simplemente poner los pies en alto y tener un retiro anticipado". Nos sentamos a esperar que llegaran olas de solicitudes de reuniones.

No recibimos ni un correo de seguimiento.

Resultó ser la feria de negocios menos exitosa a la que fuimos. No conseguimos de ella absolutamente nada, ni un e-mail ni una llamada.

Entonces, intentamos ir en otra dirección. Alguien nos había aconsejado entrar con un socio estadounidense que nos pudiera ayudar a hacer el lanzamiento. Encontramos unos distribuidores que parecían encajar con lo que buscábamos porque tenían una audiencia de peluqueros y eran muy activos en las redes sociales.

Creímos, inocentes, que podíamos simplemente enviarles el stock a ellos para que dirigieran todo mientras nosotros nos relajábamos y nos volvíamos ricos. Estábamos muy, pero muy equivocados. Durante nuestro primer año trabajando con ellos, vendieron stock por apenas unos USD 22.000, un importe mínimo considerando lo grande que es Estados Unidos. Fue entonces que comenzamos a hacer preguntas e intentamos averiguar qué estaba sucediendo, y descubrimos que no había nadie en la empresa que fuera en verdad responsable de invisibobble. Era tan solo uno de los muchos productos que distribuían, y como su experiencia se relacionaba con las comunidades de las revistas e Internet, no tenían ni idea de cómo vender productos a salones.

Todo sucedió muy lento, y cada vez que presentábamos un nuevo producto o una colección especial, tardaba meses en llegar a las tiendas o salones y, finalmente, a las manos de los consumidores. Sentimos que no teníamos ningún tipo de control sobre lo que estaba pasando, y nos hizo pasar muchas noches de insomnio. El desembarco de invisibobble en Estados Unidos no estaba funcionando.

Se puso peor. En el medio de todo esto descubrimos que estábamos siendo imitados en Estados Unidos. Las falsificaciones que mencioné antes aparecían principalmente en Europa y, como también lo dije, teníamos incautaciones de importación sobre ellas en esa región, pero no estábamos haciendo mucho para proteger nuestra marca al otro lado del Atlántico.

Solía hacer búsquedas en Internet para ver qué sucedía cuando alguien escribía "invisibobble USA" o "*hair tie* espiral Estados Unidos", y al principio los resultados aparecían debajo del sitio web de la tienda de lujo donde se vendían nuestros productos. Un día, sin embargo, apareció un producto que se veía muy parecido a una invisibobble, pero con otro nombre; el packaging y el manifiesto del producto eran muy similares a los nuestros.

Había un *link* a un video de YouTube. Hice clic. Un tipo que jamás había visto estaba haciendo una demostración de su *hair tie* en una feria comercial, alegando ser el inventor de este revolucionario accesorio que era amable con el cabello y dirigiendo a las personas a un sitio web de EE. UU. Había *hair ties* de muchos colores diferentes en su puesto, y una modelo que demostraba cómo colocaba una *hair tie* en su cabello y luego la retiraba sin que quedaran marcas.

La *hair tie* también tenía su propio sitio web, y era muy similar al nuestro. Invisibobble es "el anillo para el cabello que no deja rastros", y esta marca decía ser "el nudo para el pelo que no deja marcas".

¿Quién se encontraba detrás de todo esto?

No me llevó mucho tiempo averiguar el nombre del fundador, y su apellido me resultaba familiar. Llamé a Felix, quien estaba de viaje.

—Tengo otro potencial DDD —dije.

Podía escuchar su risa al otro lado del teléfono. Estábamos tan acostumbrados a los desastres que se habían vuelto graciosos y, como ya habíamos lidiado con tantos acontecimientos inesperados, adivinar cuál sería el próximo casi se convirtió en un juego.

—No me digas. ¿Otro fenómeno climático para el que no estamos asegurados? ¿Una fábrica de imitaciones? —preguntó Felix.

—No esta vez. Un imitador estadounidense —dije. Felix suspiró.

—¿Quién?

—Hay un peluquero en EE. UU. que casualmente creó una *hair tie* que se ve muy similar a invisibobble, y dice que es amable con el cabello.

El tipo del video era un hombre mayor y persuasivo que evidentemente amaba el sonido de su propia voz, especialmente cuando recitaba las afirmaciones de NUESTRO producto.

—Oh, por Dios —dijo Felix al otro lado del teléfono cuando le envié el *link* del video. —¡Justo cuando estamos intentando entrar a EE. UU.!

Colgué y me puse a mirar el video una vez más, sintiendo que estaba a punto de explotar. Este era un nivel completamente diferente de imitación. Otro de esos viejos perezosos que no tenía nada mejor que hacer con su vida que copiar a un montón de niños y luego decir que la idea era suya. Sentía vergüenza ajena.

Incluso llegó a un punto en que algunas personas en Estados Unidos nos preguntaban por qué invisibobble había copiado a esa marca y no al revés, y entonces debía explicar que nosotros existíamos desde 2011. Lo cierto es que aprendes a no dejar que las copias te afecten a menos que tengan un impacto en tus ventas.

Esa marca todavía existe, pero no está disponible en todos lados y no tiene muchos seguidores en redes sociales. Creo que es uno de esos clásicos casos en los que una persona ve el producto y piensa que podría crear su propia versión fácilmente, sin ver todo el esfuerzo y el amor que implica hacer en primer lugar un producto y una marca brillantes, luego trabajar incansablemente para hallar nuevos distribuidores y minoristas que lo comercialicen, y mantener esas relaciones.

Tras haber mojado nuestros pies en el mercado estadounidense sin demasiados logros, pronto comprendimos que, parafraseando en cierto modo a Frank Sinatra, si queríamos tener éxito allí, íbamos a tener que hacer un esfuerzo masivo.

Si bien 2015 había sido una mierda en más de un sentido, también fue el año en que finalmente sentí, por primera vez, que invisibobble había llegado para quedarse. Nuestras ventas se habían empezado a aplanar, pero una vez que resolvimos el tema de la producción en China, supe que podíamos crecer. A pesar de los problemas, en 2015 nuestro volumen de ventas aumentó a más del doble, y calculé que para fines de ese año una de cada tres mujeres alemanas habría comprado una invisibobble.

Contratar a Hope como responsable de desarrollo de nuevos productos, un rol que realmente necesitábamos, entre otras cosas, nos ayudó a comprender cuál era el tipo de personas que queríamos sumar a nuestro equipo. Pensar en ideas para nuevos productos es algo de lo que generalmente se ocupan los especialistas: personas inteligentes y súper *geeks* que podrían también ser ingenieros o científicos trabajando en un laboratorio. Sin embargo, descubrimos que es mejor contratar generalistas, porque a menudo pueden pensar en grande y en el objetivo general de la empresa. Con la aparición de Hope, Felix y yo pasamos a tener tiempo para comenzar a pensar más a largo plazo, y también nos hizo organizar mejor.

19.
Aquello por lo que intercambié 1.350 Vodka Red Bulls

LO QUE APRENDÍ:

- **Puedes transmitir mensajes serios sobre los negocios en forma alegre y despreocupada.**
- **Una audiencia de niños de ocho años es una gran manera de practicar un discurso importante.**
- **Respirar fuerte y ruidosamente contra una pared es la forma en que algunas personas se preparan para dar una presentación.**

Estar entre bastidores antes de dar una charla de TEDx se sentía algo así como ser un caramelo que se escapó de un puñado rebosante y ahora está en el suelo esperando que alguien lo pise.

Bueno, al menos así lo sentí yo.

En noviembre de 2015, la Escuela de Diseño y Tecnología de Copenhague, conocida como KEA, me había incluido en una lista de personas que podrían dar una charla TEDx. No creí que estuvieran hablando en serio cuando me enviaron un e-mail casual unos seis meses antes, preguntándome si me gustaría preparar un discurso sobre invisibobble.

En caso de que no hayan oído hablar antes sobre TED (las siglas corresponden a tecnología, entretenimiento y diseño, y TEDx es una versión autorizada), así es cómo funciona: cada persona habla durante 10 a 18 minutos y se supone que el público se va habiendo aprendido algo inspirador. Las charlas luego son compartidas en YouTube y permanecen allí por toda la eternidad.

Algunos de los emprendedores y pensadores más importantes del mundo ofrecieron charlas TED, incluyendo al mago David Blaine, quien reveló cómo podía mantener la respiración por 17 minutos; el profesor e investigador Brené Brown, quien habló sobre el poder de la vulnerabilidad; y el psicólogo Robert Waldinger, quien exploró el tema de qué hace felices a los seres humanos. La charla TED más vista en la historia es "¿Matan las escuelas a la creatividad?", de Sir Ken Robinson, que fue reproducida más de 56 millones de veces.

La mayoría de las charlas TED tienen títulos que incluyen palabras poderosas y expresiones como "extraordinario", "productividad extrema" y "salvar al mundo". Sus encabezados prometen "cambiar tu vida", "cultivar una autoestima incondicional" o hacer que "pierdas peso para siempre".

Mi charla TEDx se llamaba "Aquello por lo que intercambié 1.350 Vodka Red Bulls".

Eso se debía a que invertimos en invisibobble el dinero que teníamos ahorrado por no gastarlo en beber. El título parecía una forma atractiva de conseguir que las personas se interesaran en mi historia.

Nunca antes había hablado en público para algo de la magnitud de TED, y, definitivamente, no había grabado discursos. Quería mostrar en mi charla memes y fotos mías en estado de ebriedad durante las noches de la universidad de Warwick (me había graduado el año anterior). No buscaba cambiar el mundo, y eso no parecía muy del estilo de TED.

Las personas que me entrevistaron en la reunión de presentación de TEDx no parecían estar muy convencidos con el título, pero yo sabía que tenía tres cosas de las que el público aprendería durante mi charla, consejos muy simples que la audiencia de estudiantes, CEO y fundadores de empresas podrían recordar con facilidad. Volveré a estas tres cosas luego; en la reunión la única manera en la que podía convencer al equipo de Copenhague era diciéndoles que deberían tener fe en mí.

—Lo único que tengo para ofrecerles es confianza —les dije—. Confíen en que estaré de pie en ese escenario y no me pondré nerviosa. Estaré de pie en ese escenario y haré lo mío y será un verdadero discurso.

Para convencerlos tuve que escribir la charla entera para ellos, algo que —entre todo el resto de mi trabajo— me llevó unas tres semanas. Recibí una respuesta en menos de 24 horas: "Queremos oficialmente darle la bienvenida como oradora en TEDx KEA".

"*Wow*. Realmente voy a hacer esto", pensé.

Luego dediqué horas a estar frente al espejo monitoreando los movimientos de mis brazos, practicando la charla con mi papá y ensayando frente a una audiencia en vivo de niños de ocho años que estudiaban en mi antigua escuela. A ellos pareció gustarles, así que, ¿qué tan mal podría salir?

Llegué a Copenhague sola, un par de días antes de dar la charla, para prepararme.

Cuando tengo que dar una presentación, me gusta estar lista al menos 24 horas antes, y así sé que durante todo el día anterior puedo darme el lujo de tener una mente completamente despejada. Estaba feliz de quedarme en el hotel por mi cuenta, cenar sola y recorrer las calles y el puerto de la ciudad escuchando The Black Eyed Peas en mis auriculares.

Caminando desde el hotel hacia el ensayo el día previo a mi charla, giré en una esquina y vi el lugar en el que me presentaría. Es conocido como el Diamante Negro, una caja de vidrio gigante, resplandeciente y oscura en el puerto de la ciudad que alberga la Biblioteca Real de Dinamarca. Allí es donde se guardan los manuscritos del filósofo Søren Kierkegaard, un tipo que fue probablemente uno de los seres humanos más inteligentes del planeta.

Entré y vi que el auditorio en sí también era muy muy *cool*. Y pensé: "Todo esto es demasiado sofisticado para lo que tengo en mente".

La mañana de la charla me senté en mi cama del hotel. Mi mente estaba en blanco. Solo podía concentrarme en ponerme las medias. Aquí hay una media, OK, está en mi pie. Ahora la siguiente. Sujeté mi cabello con una *hair tie*. Me la saqué. Caminé hasta el Diamante Negro para reunirme con mis papás, Felix y algunas otras personas cerca de la parte trasera del auditorio. Miré tres presentaciones y no estaba nerviosa.

Y luego, sin decir nada, me puse de pie y fui hacia detrás del escenario.

Había un tipo repasando su charla con hojas de papel A4 que iba pasando de atrás para adelante. Había otro tipo en el rincón respirando y exhalando con fuerza y ruido hacia la pared. "Ah", decía mientras exhalaba. Y cerca de mí había una mujer a quien estaban maquillando mientras le hablaba a un entrenador de discursos (¿¡un entrenador!?). El entrenador preguntaba: "¿Y entonces qué dirás? ¿Y cómo lo dirás? ¿Y cómo te sientes ahora? ¡Necesitamos más energía! Ahora descansa. Hagamos silencio por tres minutos".

Todos ellos tenían un *séquito*. Yo no tenía nada. Ni un teléfono, ni notas, ni un lugar donde sentarme. Uno de los tipos del *backstage* se me acercó y me preguntó dónde estaba mi acompañamiento. ¿Acompañamiento? ¿Necesito un acompañamiento?

Solo por tener algo que hacer me puse a mirar los títulos de las otras charlas: "Cómo evitar las trampas del desperdicio de comida", "Cómo monetizar *Big Data*", "Un manifiesto para el empoderamiento de mi futura hija". *Literalmente voy a estar hablando sobre* hair ties *de plástico y sobre todos los vodka tonics que podría o no haber bebido en la universidad. Fabuloso.*

Y fue entonces cuando empecé a ponerme muy nerviosa. Vi un montón de sillas apiladas contra la pared y salté encima de una de las pilas. La artista de maquillaje de TEDx se acercó y me aplicó base, rímel y sombra de ojos. No había espejo, por lo que ni siquiera sabía si me veía o no como yo misma.

Mientras me aplicaba rubor, decidí repasar la charla en mi cabeza. *Cuando tenía 18 años, decidí comenzar una emp…*

—*Sophieereslasiguienteenelescenarioacércateporfavorparaquepodamoscolocartetumicrófonoahoramismo* —dijo una voz. ¿Qué?

—Sophie, eres la siguiente en el escenario. Acércate, por favor, para que podamos colocarte tu micrófono ahora mismo.

La *stage manager* me dio un vaso de agua y me colocó un micrófono, mientras me decía que había tres escalones para subir al escenario y que el *clicker* para la presentación se encontraría sobre la mesa donde dejaría mi vaso de agua.

Escuché sus palabras y volví de inmediato a la realidad. "Puedo hacerlo".

Subí los escalones, atravesé el escenario, dejé el vaso de agua, tomé el *clicker* y me puse de pie sobre el gran punto rojo de TEDx. Escuché aplausos, aunque no podía ver a nadie porque las luces del escenario eran muy brillantes. Comencé a hablar.

Trece minutos y medio más tarde, había terminado. Nada había salido mal. Mientras dejaba el escenario, la gente seguía aplaudiendo. Me indicaron una puerta y al atravesarla, alguien me sacó el micrófono, algo que fue complicado porque llevaba un *swaeter* con mangas gigantes como de ala de murciélago. Estaba tan entusiasmada que quería beber tragos, abrazar a mi familia y bailar como si nadie estuviera mirándome, todo a la vez.

Pero debía esperar. Debía esperar porque había comenzado la charla de otra persona y yo estaba sola en el gran salón del Diamante Negro. Había una gran ventana que miraba hacia la costa, y noté que estaba nevando. Estaba completamente en silencio, disfrutando un momento de calma después de que en mi mente hubiera TANTO RUIDO durante tantas horas.

Mientras miraba la nieve caer, la puerta se abrió a mis espaldas y me encontré con un amigo de mi papá que había estado mirando mi charla.

Y me entregó mi bebida favorita: un vodka tonic.

20.
Estamos justo detrás de las pastillas para el popó

LO QUE APRENDÍ:

- **El guacamole mancha las almohadas.**
- **Las negociaciones con minoristas son más complicadas en EE. UU. que en Europa.**
- **Ser un fundador puede hacer que te vuelvas sensible con respecto a tu marca.**

Nuestros sueños americanos habían sido golpeados, pero todavía estaba convencida de que podíamos lograrlo a lo grande.

Para el final de 2015, conseguimos empezar a vender en algunas pequeñas cadenas minoristas de EE. UU., pero podíamos hacer mucho mucho más.

Oía los ecos en mi cabeza de personas que nos decían que no podríamos triunfar en Estados Unidos y todavía me molestaba lo del imitador estadounidense, pero en 2016 llegó la oportunidad de ir a una feria en Nueva York. Fuimos Hope y yo y resultó ser un viaje increíble, en parte porque encontramos algunos proveedores nuevos de packaging que nos ayudarían a ser más rentables y en parte porque éramos chicas de 23 años haciendo negocios en la Gran Manzana.

Les pedimos a amigos que nos recomendaran hoteles, y sugirieron un lugar cerca del Meatpacking District que solía ser un estacionamiento. Puede que haya sido un gran lugar para beber margaritas junto a la piscina de la azotea un viernes por la noche, pero la habitación era tan pequeña que apenas había lugar para nosotras dos, la cama (un colchón en el suelo) y dos maletas. Nueva York no es muy amiga de las camas gemelas, por lo que Hope y yo compartimos una doble con nuestras maletas apiladas al costado, y cada noche debíamos hacer algo así como tirarnos en picada para evitar los escombros a nuestro alrededor. Además, no había ningún lugar donde sentarse, por lo que si necesitábamos un poco de espacio una de nosotras debía sentarse en el inodoro. A pesar de que viajábamos mucho, siempre nos limitábamos a un presupuesto de USD 200 por noche, y hallar un hotel por ese precio en Manhattan no es fácil. De hecho, USD 220 nos alcanzaron para conseguir una microhabitación en un hotel a la moda donde podíamos desmayarnos al final de largos días de trabajo y aun más largas noches de fiesta.

Por aquel entonces, Hope y yo estábamos atravesando una gran fase mexicana, almorzando tacos, comprando mantas mexicanas e intentando elaborar nuestros propios tragos con mezcal en Múnich. Fue gracioso porque en Nueva York coincidimos con el Cinco de Mayo, una gran fiesta que conmemora la victoria de los mexicanos en una batalla contra los franceses en 1862. Nos encontramos en una búsqueda constante de guacamole y, hacia la mitad de nuestro viaje, estábamos en un taxi después de salir una noche cuando pasamos frente al cartel de nuestros sueños: Fajitas las 24 horas. Allí estaba, parpadeando deliciosamente para nosotras al otro lado de la ventanilla.

Volvimos al hotel ebrias y con el mayor ataque de hambre que puedan imaginar, y DEBÍAMOS comer un poco de guacamole. Eran las 2 a. m. y la cocina del hotel estaba cerrada, pero esto era Nueva York y el lugar de fajitas hacía envíos a toda hora. Entonces, el recepcionista los llamó.

—Hola, ¿podrían mandarme dos fajitas con guacamole extra, por favor? —grité al teléfono (habíamos estado en un bar RUIDOSO).

—¿Fajitas de qué tipo? Quieres pollo, carne, camarón, vegetariano, tofu, tempeh, cerdo, atún, róbalo, arroz mexicano, frijoles negros, frijoles pintos, frijoles flageolet, queso entero, queso descremado, crema agria, chilli, tomate, cebolla… —dijo el tipo, de esa manera tan estadounidense de repasar una lista de un millón de cosas en un tono monótono y acelerado.

—Guaca… —comencé a decir.

Hope tomó el teléfono.

—Hola. Mi nombre es Hope. Queremos simplemente dos fajitas grandes de carne con guacamole extra, por favor. ¿Está claro? —dijo, en su mejor acento de británica ebria, que en voz alta y a esas horas de la noche sonaba como "*Faarjiitarrs coun guaaacamoouleii*".

De nuevo en nuestra habitación, intentamos recobrar la sobriedad para poder apreciar la exquisitez de todo ese guaaac... Golpearon a la puerta.

—Fajitas las 24 horas —dijo la voz de un tipo.

Hope y yo nos empujamos para llegar e intenté tomar primero la bolsa de comida.

—Son 35 dólares.

Le di mi tarjeta.

—Perdón, señora, no aceptamos tarjetas. Solo efectivo.
—¿Podemos pagarte por la mañana?
—No, señora.
—¿Puedo entregarte mi teléfono como garantía de que iremos a pagarte ni bien nos levantemos? ¿Por favor? —preguntó Hope por encima de mi hombro.
—No, señora.

Entonces, debido a nuestros gritos de borrachas en el vestíbulo del hotel, apareció un tipo de seguridad.

—¿Cuál es el problema?
—Necesitamos pagar por el guacamole, pero no acepta tarjetas —expliqué.
—OK, caballero, voy a necesitar pedirle que se retire con el guacamole —le dijo el tipo de seguridad al de Fajitas las 24 horas.

Hope me apartó de un empujón.

—¡*Necesitaaaaaaamos nuestro guaaacamoouleii*!

Apareció el tipo de la recepción, el que había hecho el pedido por nosotros. Sacó su cartera.

—¿Cuánto es?

El de la recepción le pagó al tipo del guacamole con su propio dinero.

Como nuestra habitación era tan pequeña, el único lugar donde podíamos comer nuestros USD 35 de guacamole era la cama. Entonces, nos tiramos en picada y nos acostamos sobre nuestros estómagos, sosteniendo las bandejas de cartón con una mano y atiborrándonos de comida con la otra, retorciendo nuestros cuerpos por encima de cada lado de la cama para evitar que cayera guacamole sobre el edredón. Luego, nos quedamos dormidas con nuestras cabezas casi dentro del guacamole.

Obviamente, me desperté por la mañana con una mancha grande y verde en mi almohada, y un contenedor de cartón para nachos junto a mi cabeza; por supuesto, nos olvidamos completamente de que el tipo de la recepción había pagado por nuestro festín de fajitas (nos lo recordó). Dormimos unas tres horas. Toda la semana fue más o menos así; nos la pasamos funcionando a base de margaritas, guacamole y cafés gigantes de Starbucks, borrachas o resacosas, pero, sobre todo, divirtiéndonos mucho.

También fue la primera vez que conocí a periodistas de EE. UU. Teníamos una agencia de relaciones públicas que me había presentado a editores y redactores de revistas, sin decirme mucho sobre lo que querían escuchar. Recibimos algunas reseñas bastante buenas gracias a eso, pero al igual que con la mayoría de las cosas, yo no tenía idea de cómo funcionaba el asunto realmente. Por aquel entonces me lanzaba directamente con un "Hola, soy Sophie, estas son nuestras *hair ties* invisibobble, no dejan marcas en tu cabello", pero ahora me preocupo por al menos averiguar sobre qué le interesa escribir al periodista antes de conocerlo.

Al final de esa semana, viajé a Chicago para reunirme con Zelda y uno de los mayores distribuidores de peluquerías en EE. UU. Mi vuelo se había demorado, llegué al hotel a eso de las 2:30 a. m., dormí una siesta larga y me desperté a las 5:30 a. m. para ir a la reunión. Por algún motivo había asumido que Zelda se había encargado de hacer cuentas, descifrar cuánto necesitábamos venderle al distribuidor y qué colecciones esperábamos que nos comprara. No lo había hecho. Por suerte, el tránsito en Chicago es terrible y nos dio tiempo para preparar nuestra presentación completa.

Fue una gran reunión, y el distribuidor accedió a vender invisibobbles por medio de su red de 100.000 peluquerías. ¡Sí! Sentí que comenzábamos a resolver el tema de Estados Unidos (OK, no necesariamente todas las 100.000 peluquerías iban a comprar invisibobble, pero a pesar de eso ¡comenzábamos a resolver el tema de Estados Unidos!).

Todavía quedaba mucho por hacer en Estados Unidos. Como ya lo mencioné, es el hogar de algunos de los mayores minoristas del mundo, más grandes que cualquiera de los que tenemos en Europa. Como soy una nerd del comercio minorista, me encantaba analizar la diferencia entre las tiendas estadounidenses y las europeas.

Durante otro viaje a Estados Unidos, decidí conocer una de las mayores cadenas de almacenes del mundo solo para comprender cómo es la vida de muchos estadounidenses y ver si era el tipo de lugar en el que queríamos vender invisibobble. Este minorista se encontraba en las afueras de una ciudad de Texas, y mientras entraba en auto al estacionamiento, pude ver que tan solo el área de retiro de pedidos *online* era del tamaño de cualquier supermercado europeo promedio. La tienda tenía una entrada independiente para el sector de alimentos y otra para el de artículos de hogar y farmacia. Había un centro de jardinería y un lugar donde podías cambiar tus neumáticos. Ah, ¡también había un Burger King!

Adentro todo era INMENSO, obviamente. Mucho, pero mucho más grande que en Europa. Las papas fritas ocupaban ambos lados de un pasillo completo. Había grandes bolsas de Cheetos Crunchy XXXTRA Flamin'Hot, Cheetos Puffs Flamin'Hot, Cheetos Flamin'Hot Chipotle Ranch, Cheetos Flamin'Hot Lime y Cheetos Flamin'Hot Crunchy. Demonios, incluso había bolsas con mezclas de Cheetos y Doritos.

La mayoría de los clientes llenaban enormes carritos con comida y ropa, y los pasillos parecían tan largos como canchas de fútbol. Una mujer grande sobre un carrito motorizado estaba llenando de cervezas el canasto que tenía enfrente mientras masticaba una hogaza entera de pan que había tomado de una estantería.

Si bien queríamos que nos fuera bien en Estados Unidos, debíamos pensar acerca del tipo de tiendas en las que queríamos vender. Esta se sintió instintivamente como demasiado masiva, y no estaba segura de que fuera correcta para nosotros, especialmente tomando en cuenta que las tiendas de lujo eran algo quisquillosas con respecto a los demás lugares en los que se vendían nuestros productos.

Existía otro gran minorista en EE. UU. con el que definitivamente pensé que deberíamos trabajar: esta vez se trataba de una cadena de farmacias que ya había demostrado cierto interés en nosotros. Habían accedido a realizar una prueba, poniendo invisibobbles en esos enormes contenedores que ubican cerca de las cajas para incentivarte a gastar algunos dólares más antes de marcharse. Eso estaba bien, pero obviamente queríamos también ser comercializados junto con el resto de los accesorios para el cabello en el sector principal de la tienda.

La oficina central de la cadena de farmacias se veía como un estacionamiento de varios pisos con ventanas, y adentro había hileras e hileras de cubículos que parecían salidas de una tira de Dilbert. Cada empleado tenía su propio cubículo rodeado de paneles forrados de tela que evidentemente no tenían permitido personalizar con fotos o documentos, y todos eran de un tono marrón uniforme y aburrido. A los costados de la sala había oficinas donde se sentaban algunas de las personas importantes. Estos eran recintos sin ventanas construidos con tres paredes desnudas y una pared de vidrio que miraba hacia el mar de cubículos. Las personas que eran aun más importantes tenían oficinas que sí tenían ventanas, pero estaban polarizadas y esmeriladas para bloquear la luz del sol. Como en Las Vegas, nunca supe bien cuál era la hora del día en ese edificio, porque no podía realmente ver hacia afuera.

Di mi presentación de invisibobble a la compradora de accesorios para el cabello, una mujer de mediana edad que se sentó frente a mí en una de las salas más importantes, con un té helado de 24 onzas de Dunkin' Donuts (casi el tamaño de una botella de vino) sobre su escritorio. Mientras yo hablaba, ella me miraba en forma inexpresiva, bebiendo ocasionalmente su té helado con una pajilla.

La mayoría de las veces recibía comentarios positivos por ser la joven fundadora de una marca. Los compradores minoristas no suelen conocer a los verdaderos fundadores de las empresas porque muchas marcas no los tienen. Las marcas son creadas por equipos de desarrollo de nuevos productos y equipos de Marketing, que las pasan a los equipos de Ventas para su comercialización. Además de esto, los fundadores acostumbran dejar las empresas que iniciaron porque identifican rápidamente estrategias de salida, lo que significa que cobran su dinero y siguen con sus vidas.

Entonces, como suelo hacer, le abrí mi corazón con entusiasmo a la señora del té helado de 24 onzas, hablando sobre cómo comencé invisibobble porque tenía jaquecas, y cómo las mujeres las aman porque no dejan marcas, y todo lo que vendíamos en Europa, y lo adorable que es nuestro pequeño packaging, y lo mucho que amo la marca, y…

—Cariño, es adorable que estés tan entusiasmada —me interrumpió—. Pero que me cuentes una historia de éxito en Alemania o el Reino Unido no me ayuda. Esto es Estados Unidos. Es un mundo diferente. Vendemos una enorme variedad de productos, y necesitas destacarte entre el montón. El precio que quieres que pague es demasiado alto. El precio de venta minorista es demasiado alto. Tus productos son demasiado pequeños. Las personas no comprenderán por qué son tan caros, y nuestros clientes jamás los comprarán a menos que sea por impulso.

La mujer también me dijo que, como tenía ciertos objetivos de rentabilidad, no podría comercializar invisibobble porque reduciría el margen promedio de los accesorios para el cabello. ¿Cómo podría ella justificar eso? Era muy frustrante.

Dicho esto, se puso de pie, tomó su té helado en una mano y extendió la otra para estrechar la mía, y luego me encontré atravesando la puerta y una vez más en Dilbertlandia.

Fue una enorme bofetada.

Pero teníamos otra oportunidad. Habíamos organizado una reunión con el tipo de los contenedores de compras por impulso, la persona a cargo de convencer a los compradores de llevar algo más camino a la salida de la tienda. Él me iba a decir cómo nos había ido con nuestra prueba.

Era un tipo calvo con otra bebida helada gigante sobre su escritorio.

—Lo siento, cariño, pero las ventas no son muy buenas. Si sigues de esta manera, vamos a tener que retirar el producto. Estás muy debajo en el ranking.

Ay.

Respiré hondo. "¿Puede darme una idea de dónde nos encontramos en el ranking?", pregunté.

El tipo de los contenedores de compras compulsivas tenía una oficina, pero era de las que tienen tres paredes sólidas y una vista de los cubículos, y era mucho más pequeña que la de la mujer. Su escritorio era bastante angosto, y a medida que comenzó a buscar nuestros datos de ventas en su computadora, pude ver todo de costado.

Me incliné hacia adelante, eché un vistazo a la pantalla por un segundo y pude ver que invisibobble ocupaba el TERCER lugar en su ranking. El tercero. Estaba justo detrás de unas pastillas para prevenir el olor a popó y evitan que tu baño huela mal.

—¡Pero estamos justo después de las pastillas para el popó! —grité.

—No le di permiso para mirar mi pantalla. Esa es información confidencial —me respondió gritando el tipo calvo, apoyando su enorme vaso sobre el escritorio y volteando la pantalla.

Respiré. "Lo siento. Pero, por favor, ¿podría extender la prueba a otras tiendas por un par de meses?".

Algo en mi insolencia le pareció gracioso y aceptó, y así mantuvimos nuestro lugar en los contenedores. Un par de meses más tarde recibimos un llamado de la compradora del minorista importante con la oficina importante y nos dijo que quería hacer un pedido. Ahora nuestros productos se venden en sus miles de tiendas en EE. UU., y ese fue nuestro mayor acuerdo hasta el momento.

21.
La cereza del postre

LO QUE APRENDÍ:

- **Sin importar cuánto éxito tuviéramos en un lugar, habría un desastre en otro.**
- **Resulta que las *hair ties* con forma de espiral pueden ser patentadas.**
- **Nunca subestimes el estrés de tener tu propio negocio.**

Vender en la farmacia de mercado masivo de Estados Unidos era genial, pero, como ya lo mencioné, el problema para muchas marcas es que si también quieres vender en tiendas de lujo, no aceptarán tu producto si lo vendes en un lugar de menor categoría.

Uno de estos minoristas de gama alta en Estados Unidos era muy exigente con respecto a lo que podíamos y no podíamos hacer. Comercializan marcas de lujo en forma permanente y luego tienen marcas más pequeñas y a la moda que solo venden durante un máximo de tres años. Es una estrategia que les funciona bien, porque la novedad mantiene a la gente entusiasmada y hace que vuelva.

Una vez que conseguimos el acuerdo con la gran farmacia de mercado masivo, necesitamos informarlo al minorista de alta gama. Así es que, un par de semanas antes del lanzamiento en la farmacia, les enviamos un e-mail simplemente para que lo supieran. Casi de inmediato recibí un e-mail con la siguiente respuesta:

Mail De: Comprador minorista de alta categoria
Para: Yo
Enviado: Mie 7 de diciembre de 2016, 2:15 p. m.
Asunto: Re: Actualización sobre comercialización

OK. Retiraremos todas las invisibobbles de todas nuestras tiendas en forma inmediata.

Por favor envíenos una dirección de devolución para los productos.

Saludos.

Mierda.

No anticipé esta respuesta, y enseguida tomé el teléfono. ¿Podíamos hacer una línea especial para ella? ¿Lo consideraría?

"El punto es, Sophie, que no comercializamos ninguna marca que también se encuentre en tiendas de mercado masivo. No es nuestra estrategia", dijo, y eso fue todo.

Exploramos su sitio web de punta a punta para hallar algo, cualquier cosa que también pudiera encontrarse en tiendas masivas.

¡Alisadores de pelo! Había una marca de alisadores en su sitio web que también podía comprarse en todos lados, y tenían exactamente la misma marca y modelo. Volví a llamarla.

—No, eso no es correcto. No es como hacemos las cosas aquí —dijo.

—Pero puedo ver exactamente los mismos alisadores de pelo en este otro sitio web —protesté.

—Bueno, si es así, retiraré esos alisadores de pelo de nuestras tiendas inmediatamente —dijo, y colgó.

Se notaba que estaba bastante enojada, pero al menos lo habíamos intentado. Habíamos tenido una buena experiencia con el minorista de alta categoría, y ahora era el momento de enfocarnos en el mercado masivo. Conseguir un acuerdo con la cadena de farmacias podría, con suerte, abrirnos la puerta para llegar a otras tiendas.

Más o menos un mes más tarde, nos asombró recibir un nuevo e-mail con un pedido por parte de la tienda de alta categoría. Seguramente se trataba de un error. Llamé a la compradora una vez más.

—Quería comprobar. Recibimos este pedido, pero supongo que no deberíamos completarlo porque nos van a retirar de las tiendas —dije.

—No. Por favor, complétenlo. ¿Y podríamos tener una reunión? Traigan su concepto nuevo —dijo.

¡Sí! ¡Y *ohpordiossolotenemosdossemanasparapresentarnuestranuevaidea!*

Oh, por Dios, solo teníamos un par de semanas para pensar en una nueva idea. Hasta ese momento nuestro desarrollo de nuevos productos consistía en colores nuevos para la invisibobble original, y no cambiábamos nada relacionado con su forma o tamaño. ¿Qué podríamos hacer que funcionase para el minorista de lujo y que fuera genuinamente diferente a nuestros otros productos?

Lo único bueno que surgió de todos los desastres que atravesamos fue algo en lo que todas las marcas deben pensar: la innovación. Durante los primeros más o menos tres años de existencia de invisibobble, nos apoyaba en el hecho de que nuestro producto era nuevo, la gente lo comprendía y lo amaba, y que su comprensión se mantuvo cuando adquirimos una mejor distribución y nos lanzamos a nuevos mercados.

También hicimos un gran trabajo con la creación de colecciones especiales un par de veces al año. Son ediciones limitadas, y en el verano de 2015 hicimos una de mis favoritas, con temática de sabana y el nombre Wild Whisper[47]. Teníamos una *hair tie* de color crema con un león en la caja que llamamos Queen of the Jungle[48], una de color coral llamada Fancy Flamingo[49], una de color verde que Lisa amaba y que se llamaba C U Later Alligator[50], y una

47. En español, 'susurro salvaje'. *(N. del T.)*
48. En español, 'reina de la jungla'. *(N. del T.)*
49. En español, 'flamenco lujoso'. *(N. del T.)*
50. En español, 'hasta luego cocodrilo'. *(N. del T.)*

de color azul pálido que se llamaba Fata Morgana (en honor a una especie de espejismo provocado por el calor).

Otra colección que amé fue una que llamamos Cookie Dough Craving[51], para la que logramos infusionar nuestras invisibobbles con el dulce aroma de galletas recién horneadas. Contratamos una línea de producción de packaging de galletas durante un día, por lo que incluso los packs eran auténticos.

Sabemos que cuando las personas exploran la sección de accesorios para el cabello de una tienda suelen pasar allí muy poco tiempo; unos tres segundos, para ser exactos. Entonces, tenemos tres segundos para convencer a alguien de tomar nuestras *hair ties* en lugar de la versión de marca propia del minorista o incluso de una goma elástica para el cabello, y, por eso, es tan importante que invisibobble se vea diferente. Siempre quise que nuestro packaging fuese adorable como el de una golosina, porque las golosinas a menudo vienen en varios colores, se ven atractivas y generan compras por impulso.

Sin embargo, por mucho que las colecciones especiales tendieran a venderse bien, sabíamos que debíamos innovar más. Estábamos recibiendo comentarios de peluqueros y personas en redes sociales diciendo que querían una *hair tie* más gruesa que mantuviese el cabello sujetado al hacer ejercicios, y que también querían versiones más pequeñas que fueran lo suficientemente delicadas como para sujetar el extremo de una trenza. Fue entonces que creamos la Power y la Nano en 2016 y las lanzamos como la hermana mayor y la hermana menor de la invisibobble Original. Hay que dejarle bien claro a la gente para qué sirve cada producto, por supuesto, por lo que invisibobble Power es descripta como "El anillo fuerte para el cabello" y tiene dos pequeños diagramas en el packaging que muestran a alguien con cabello más grueso y a alguien con un look deportivo.

Además, debíamos crear algo especial para nuestra tienda de lujo de Estados Unidos, y teníamos muy poco tiempo para hacerlo. El producto necesitaba ser diferente y de algún modo más lujoso que nuestra Original, y se nos ocurrió la idea de la Slim, que se vería mucho más delicada que la Original y un poco más a la moda. El material es de un diámetro algo más delgado que el de la Original y tiene más bucles. Creamos una presentación y la enviamos a la compradora por e-mail.

51. En español, 'antojo de masa de galletas' *(N. del T.)*

Para hacer que la Slim fuese todavía más especial, también propusimos fabricarla en colores metálicos: Bronze Me Pretty, Stay Gold y una plateada que llamamos Chrome Sweet Chrome[52]; y la idea era que las *hair ties* se vieran más como joyas que alguien querría lucir en sus muñecas.

Un par de semanas más tarde, nos enviaron todas las Originals en existencia que estábamos vendiendo con ellos, pero luego recibimos otro e-mail.

La compradora quería hacer un pedido de invisibobbles Slim por USD 100.000, algo que era enorme. Estimamos que se venderían por completo en dos o tres meses, pero después de tan solo seis semanas llegó otro pedido. La Slim había funcionado.

Tal como sucedió durante gran parte de la historia de invisibobble (y de la de muchas empresas emergentes), recibíamos buenas noticias por un lado y luego algo malo sucedía por otro. El desastre de invisibobble en 2016 incluyó un acontecimiento que ninguno de nosotros podría haber previsto.

Alguien en Estados Unidos había logrado patentar la forma de la *hair tie* espiralada.

A pesar de que numerosas personas del ámbito legal nos habían dicho que no podíamos patentar una forma que tiene un uso común (como los cables de teléfono espiralados, por ejemplo), resultó que un tipo había hallado la manera de hacerlo. Después del gran esfuerzo que hicimos para conseguir ser comercializados por minoristas de belleza en todo Estados Unidos, hacia fines de 2016 comenzamos a recibir cartas de cese y desista. Lo hizo años después de que fundáramos invisibobble y estaba siendo puramente oportunista, intentando hallar productos para patentar de modo tal que luego pudiera demandar a las empresas que hacían los originales.

Como ya lo mencioné, las tiendas no venderán tus productos si hay algún problema legal, y este tipo había estado contactando a nuestros minoristas para decirles que él tenía la patente y que nuestro producto cometía una infracción. Entonces, los minoristas comenzaron a retirar las invisibobbles

52. En español, 'Embelléceme con bronce', 'Mantente dorada' y 'Cromo, dulce cromo'. *(N. del T.)*

de sus estanterías. Todos los días durante más o menos una semana recibía un e-mail que decía algo como esto:

Mail De: Equipo legal central
Para: Yo
Enviado: Sáb 10 de diciembre de 2016, 2:15 p. m.
Asunto: Notificación de suspensión de artículo

Esta es una notificación generada en forma automática para indicar que los siguientes bienes serán regresados al vendedor.

Invisibobble Original True Black
Invisibobble Original Crystal Clear
Invisibobble Original To Be Or Nude To Be
Invisibobble Original Blush Hour
Invisibobble Original Mint To Be

Invisibobble Power True Black
Invisibobble Power Crystal Clear
Invisibobble Power Pretzel Brown
Invisibobble Power To Be Or Nude To Be

No responda a este e-mail.
La casilla de correo no es controlada.

En resumidas cuentas, nos metimos en una gran pelea con el tipo, y se fue poniendo peor a medida que nos acercábamos a la Navidad. Durante casi tres semanas, me desperté para encontrarme con varios de estos e-mails horribles y generados automáticamente por parte de distintos minoristas de Estados Unidos. En algunos casos sabíamos que llegarían porque nuestros contactos nos habían llamado, y en otros aparecían de la nada. El tipo hizo sistemáticamente que sus abogados enviaran cartas de pesadilla a los minoristas que conquistamos con mucho esfuerzo, quienes nos contactaban inmediatamente para decirnos que retirarían nuestros productos. Era como si alguien estuviera presionando un botón rojo de alerta que enviaba a todo volumen un mensaje por altoparlante para hacer entrar en pánico a las tiendas.

Y debido a la diferencia horaria, me quedaba hablando por teléfono con los minoristas en ocasiones hasta altas horas de la noche, intentando hacer que mantuvieran invisibobble en sus estanterías durante al menos una semana mientras intentábamos resolver el caos legal.

Hablaba por teléfono con un minorista mientras llegaba otro e-mail, y luego entraba una segunda llamada de los abogados del tipo y debía pasar de una cosa a la otra. Y con cada llamada me enojaba más. Este tipo me había empujado contra una pared por el cogote y estaba reclamando dinero; de lo contrario, sus cartas legales a los minoristas se volverían todavía más amenazantes.

Cuando cerramos la oficina a fin de año, el problema todavía no estaba resuelto. Yo había viajado a Suiza para pasar tiempo con mi familia. Hope había regresado a su casa en el Reino Unido, y Felix, Dani y Niki estaban en algún lugar de una montaña alemana. Pero no era algo que pudiésemos arrastrar hacia el nuevo año. Necesitábamos resolverlo en forma rápida; de lo contrario, nos enfrentaríamos a estanterías vacías en todos los minoristas de EE. UU.

Volaron e-mails, mensajes de texto y llamadas telefónicas entre los muchachos, los minoristas, los abogados del tipo y yo durante días y días. Él había abusado de un vacío legal, y de ninguna manera le iba a dar dinero. Sin embargo, después de que nuestros abogados intentaran hacer todo tipo de cosas para que nos dejara en paz, comprendí que íbamos a tener que pagarle. En lugar de disfrutar la cena con mi familia en Nochebuena, estuve al teléfono con sus abogados en EE. UU. hasta las 11 de la noche. "Nos comunicaremos con usted mañana", dijo uno de los miembros de su equipo legal. Colgué. Estaban intentando hacer que esto fuera lo más disruptivo y doloroso posible. ¡Mañana significaba el día de Navidad! ¿Cómo se atrevían?

La mañana de Navidad llegó y pasó, y debido a las ocho horas de diferencia horaria mi teléfono no sonó hasta bastante después del almuerzo. Finalmente, aceptaron la oferta. Logramos pagarle al tipo para que volviera a su agujero pestilente y nunca regresara, así que podíamos concentrarnos en lo bueno: construir nuestra marca. Celebré con un vodka tonic, pero definitivamente fue uno de los peores momentos que había vivido manejando este negocio.

Con solo mirar invisibobble, nunca podrían saber cuánto amor y pasión hay detrás de la creación de esas pequeñas y adorables *hair ties*. Tengo amigos con trabajos comunes y corrientes que me dicen que están cansados de lo que hacen y que me envidian por ser mi propia jefa, y que quieren poder tomarse vacaciones en cualquier momento que deseen, llegar a la hora que quieran y tomarse días de descanso sin aviso, simplemente viviendo la buena vida. Muchas personas me dicen esto porque creo que nadie en verdad comprende *exactamente* lo que implica crear una empresa propia y tener éxito.

A veces se siente como si los demás pensaran que tener tu propia empresa es un poco como hacer un pastel: tú decides qué tipo de receta quieres hacer, escoges los mejores ingredientes y los mezclas cuidadosamente antes de hornear. Luego te sientas y no haces nada mientras se cocina en el horno, antes de decorarlo hermosamente y repartir porciones para que la gente lo disfrute. Obtienes una buena ganancia al hacerlo: ¡la cereza del postre! Y luego, ¡sorpresa! El pastel se sigue cocinando solo y todo lo que tienes que hacer es ver cómo ingresa dinero durante el resto de tus días.

La realidad es algo más parecida a esto:

Paso 1: Decide si quieres hacer un nuevo tipo de pastel.

Paso 2: Intenta ignorar el hecho de que otras personas piensen que es una pésima idea y que tu nuevo pastel suena asqueroso.

Paso 3: Hazlo de todos modos, buscando ingredientes para el pastel.

Paso 4: Recibe los ingredientes, ninguno de los que has pedido y con seis semanas de demora.

Paso 5: Cocina en un horno de segunda, usando una receta escrita en un idioma extranjero.

Paso 6: Observa cómo se cocina el pastel hasta la 1 a. m. mientras quieres evitar llegar al pico de la curva de ansiedad.

Paso 7: Antes de que el pastel esté listo, intenta vender porciones a las personas del paso 2, diciéndoles lo genial que va a ser. Hacen caras, porque todavía no están convencidos.

Paso 8: Levántate a las 4 a. m. para retirar el pastel del horno y dejarlo enfriar sobre una rejilla de alambre. Está torcido, tiene un color extraño y huele raro, pero tiene potencial.

Paso 9: Repite desde el paso 3 en adelante hasta que el pastel quede perfecto.

Y esa es una versión simplificada. También podría agregar:

Paso 10: Tu horno explota, destruyendo la cocina. Dedica semanas a conseguir uno nuevo. Pierdes decenas de miles.

Paso 11: Date cuenta de que muchas otras personas copiaron tu idea para el pastel. Invierte mucho tiempo y dinero intentando destruir sus recetas.

Paso 12: Lleva al proveedor de ingredientes a la corte por estafarte. Pierdes millones.

Paso 13: La gente comienza a disfrutar las porciones de tu pastel. Pero se quejan todo el tiempo: quieren pagar mucho menos por ellas, y, además, quieren sus propios sabores, y no quieren que se las vendas a otras personas. Realmente quieren tener su propio pastel y comerlo.

Paso 14: Dedica el resto de tu vida a perfeccionar la receta, hallar el horno ideal, mantener las relaciones con los vendedores de pasteles, pensar en nuevos sabores, alcanzar el tiempo exacto de cocción, probar nuevas decoraciones y comprobar que nadie esté copiando tus pasteles. Sobre todo, asegúrate de que tus pasteles sean horneados, decorados, vendidos y comidos con el mismo amor con el que se hicieron siempre, desde el primer día. Repite *ad náuseam.*

No me malinterpreten. Amo invisibobble, y amo tener mi propia empresa. Pero si quieres hacer lo tuyo, tienes que hacerlo en serio. Realmente no se parece a hornear un pastel. Es como tener tus propios hijos, a los que SIEMPRE debes poner en primer lugar. Es así especialmente en los primeros años, cuando necesitas amar y nutrir al negocio y a los productos mientras levantan vuelo. Es muy divertido, pero también incluye viajes de mierda al medio de la nada, donde tienes que comer extraños alimentos con gusanos y o bien te levantas a las 4 a. m. o bien te vas a dormir a las 4 a. m. solo para mantener el negocio a flote.

El *jet lag* le pasa factura a tu cuerpo, y estar lejos todo el tiempo afecta tus relaciones. Tener tu propia empresa significa que las parejas, la familia y los amigos se convierten en una prioridad secundaria. Y para mí eso está bien, porque invisibobble le da sentido a mi vida y me motiva a seguir adelante. Esa es la razón por la que estamos todos aquí. Y sí, hay buenos momentos, pero probablemente un 80% se trate de lidiar con más y más estupideces.

Sobrevivir a las disputas, los incendios, las fábricas de imitaciones y todos los DDD con los que tuvimos que lidiar incansablemente requiere de una enorme cantidad de amor y dedicación. Y esa Navidad con el tipo de las patentes fue definitivamente uno de aquellos momentos en que la curva de ansiedad alcanzó su pico, y pasé raspando durante un tiempo antes de finalmente volver a bajar.

22.
De niños haciendo un *collage* en la clase de manualidades a adultos innovadores

LO QUE APRENDÍ:

- **No tener una estrategia de salida significa que puedes pensar a largo plazo en lo que es mejor para tu marca.**
- **Seis años es demasiado tiempo para no presentar un nuevo producto.**
- **Hallamos una manera innovadora de empacar nuestro *hair clip*[53] Waver.**

En 2016 Felix y yo fuimos incluidos en la lista de *Forbes* de "30 menores de 30 en comercio minorista de *e-commerce*" para Europa. *Forbes* es una reconocida revista de negocios estadounidense que todos los años confecciona varias listas creando rankings, sobre todo, desde las personas más ricas del mundo hasta los equipos de fútbol más valiosos del planeta. Sus reporteros examinan largas listas de nominaciones y consultan a expertos para armar

53. En español, 'hebillas' u 'horquillas'. *(N. del T.)*

la lista europea de "30 menores de 30", que es una colección de personas jóvenes que aportan nuevas ideas al continente. Aparecer en esta lista es muy prestigioso, y significó que pudiéramos asistir a eventos exclusivos y conocer a otros emprendedores, además de elevar el perfil de invisibobble.

Sin embargo, cuando conocíamos a otros fundadores de la lista, las conversaciones eran generalmente muy parecidas.

—Bien, ¿de dónde obtuvieron el dinero?

—Somos autofinanciados —decíamos Felix o yo.

—¿Cómo es eso?

—Bueno, trabajamos como instructores de esquí durante un par de temporadas y ahorramos USD 4.000 entre los dos, e invertimos eso en la producción.

—¿Y cómo hicieron crecer el negocio?

—Fuimos rentables desde el principio, y simplemente reinvertimos las ganancias.

—¿Cuál es su estrategia de salida?

—No tenemos una.

—Oh.

Muchos fundadores, especialmente en empresas emergentes de tecnología, están obsesionados con el monto de inversión que tuvieron, además de quién proveyó ese dinero. Pero si aceptas inversiones, eso significa que entregas una porción de tu capital y, hasta cierto punto, eres responsable ante el inversor. Eso puede funcionar para empresas en las que la experiencia del inversor es necesaria, pero nosotros preferimos siempre hacer las cosas por nuestra cuenta y aprender de la manera difícil.

Por lo general, los emprendedores también están enfocados en las estrategias de salidas: ya resolvieron cuándo quieren vender sus negocios. O bien quieren venderlos por una gran cantidad de dinero y seguir su camino hacia algo nuevo, o bien llegan a un acuerdo con quien sea que esté invirtiendo o comprando la compañía para mantener un puesto de CEO por un tiempo determinado y luego, asumiendo que todo anduvo bien, cobrar y seguir adelante. Si tienes una estrategia de salida en el horizonte cercano, eso también significa que tu objetivo es hacer que tu empresa sea lo más valiosa posible.

Eso tiene un impacto en el marketing, por ejemplo, porque es posible que te tiente invertir mucho dinero en promociones o descuentos masivos, y eso puede generar ventas en el corto plazo, pero no es bueno para la salud de la marca a largo plazo ni para la rentabilidad. También puedes lanzar nuevos productos en poco tiempo para mostrarles a los potenciales compradores que tienes una gran cartera de bienes.

Como vender invisibobble no está en nuestros planes, podemos pensar en un plazo mucho más largo en lugar de tomar decisiones basadas puramente en la cantidad de dinero que se puede generar a corto plazo.

En 2016 vendimos un total de 36 millones de invisibobbles. Vendíamos en 70 países de todo el mundo y por medio de algunos minoristas y miles de tiendas en Estados Unidos, y esto solo estaba basado en nuestras *hair ties* espiraladas. Nos estaba yendo bastante bien y entrar en la lista de *Forbes* era un reconocimiento asombroso, pero el haber alcanzado un buen volumen de ventas y presencia en la prensa no significaba que no pudiéramos ir más allá. A esa altura todavía no habíamos inventado ningún producto totalmente nuevo, y éramos muy afortunados por haber llegado tan lejos sin hacerlo.

No nos organizamos adecuadamente como empresa hasta pasado un buen tiempo; ocurrió alrededor de mediados de 2016, cuando contratamos a un director financiero (o CFO) interino para ayudarnos con las previsiones de crecimiento y la elaboración de presupuestos. Hasta ese momento creo que operábamos un poco como niños creando un *collage* improvisado en una clase de manualidades, pegando un poco de brillos por aquí, un pedazo de algún material bonito por allí, y luego admirándolo a la distancia y diciendo "Oh, eso se ve bastante bien". Recibimos la ayuda de una firma de contabilidad externa con nuestros libros y sabíamos que éramos rentables, pero llega un punto en el que debes empezar a basar tus decisiones en hechos y cifras. Necesitábamos dejar de ser niños haciendo un *collage* y pasar a ser una exposición de estudiantes de arte (creo que no estamos ni siquiera cerca de ser una galería... todavía).

Finalmente, sentimos que éramos adultos manejando una empresa cuando nos mudamos a una oficina nueva y mucho más grande en 2017. Excedimos por mucho la capacidad de aquel primer espacio arriba de la discoteca, a tal punto que teníamos personas sentadas en escritorios transitorios en el pasillo, además del bulldog francés de Niki que se tiraba pedos mientras corría alrededor de la oficina. Necesitábamos un lugar más grande, donde el perro pudiera al menos tener un poco más de espacio y el olor a pedos pudiera diluirse fácilmente. Nos mudamos a dos pisos de un nuevo edificio de oficinas, también en Múnich, y separamos los equipos entre Marketing, Investigación y desarrollo, Finanzas y RR. HH. Los socios de New Flag e invisibobble, Felix, Dani, Niki y yo, podíamos sentarnos todos juntos en una gran sala y enfocarnos de verdad en nuestra ambición con invisibobble: convertirnos en la marca mundial de referencia en accesorios para el cabello.

En ese momento también comencé a pensar acerca de mi propio rol. Era la cofundadora de invisibobble, pero ¿era también la CEO?

Busqué en Google:

¿Qué hace un CEO?

Esta fue la respuesta de Google:

Un director ejecutivo (CEO)[54] *es el ejecutivo de mayor rango en una compañía, y sus responsabilidades principales incluyen tomar decisiones corporativas importantes, administrar las operaciones y recursos de la empresa a nivel general, actuar como el principal punto de comunicación entre la junta directiva (la junta) y las operaciones corporativas y ser el rostro público de la empresa.*

Hmm. Eso no era realmente lo que hacía para invisibobble, y tampoco era lo que quería hacer. Soy buena tomando decisiones, pero no me gusta para nada administrar operaciones. Me gusta pensar en grande, crear más ideas, continuar contando la historia de invisibobble. Pero en una tabla tradicional de organización de una empresa, un fundador no se sienta realmente en ningún lugar. Un fundador puede fácilmente fluctuar, lo que significa que muchas empresas operan sin su participación.

Sin embargo, cuando operas sin un fundador y tienes solo un CEO, puedes perder esa chispa, esa magia, esa esencia que hace especial a la compañía o el producto.

54. Por sus siglas en inglés, CEO significa *Chief Executive Officer. (N. del T.)*

Entonces, googleé: "¿Qué hace un fundador?".

Las respuestas iban de:
Un fundador originalmente era una persona que forja metal; en forma similar, el fundador de una empresa forja la nueva entidad.

A:
El rol primario de un fundador es el de un artista.

Supongo que mi rol se ubica en algún punto entre ambas descripciones, y siento que mi mayor responsabilidad es el bienestar de invisibobble como marca. En verdad, es casi como si la tratara como una persona. No es simplemente si tiene comida y agua, es también ¿se siente feliz? ¿Dónde está hoy y a dónde quiere ir? ¿Con qué debería ser asociada? Pienso en cómo los consumidores ven a invisibobble en lugar de cómo nos va como empresa, y quiero sumar al equipo a colegas que crean en las mismas cosas que yo. Si puedes hacer eso, entonces puedes llevar personas contigo y van a estar motivadas a trabajar en beneficio de la marca. Los productos y las estructuras son reales, pero una marca se trata más de un sentimiento que es difícil de definir. No puedes tocarla ni verla, pero puedes creer en ella. Y si no crees en ella, no existe.

Si quieres establecerte como una marca de accesorios para el cabello, necesitas tener más de un tipo de producto. Por eso, comenzamos a trabajar en nuestro primer producto nuevo luego de las invisibobble, propiamente dicho en 2017; para una empresa que quiere crecer, fue terriblemente tarde, y tuvimos suerte de que una empresa gigante no entrase para intentar dominar la categoría de *hair ties*. Después de visitar la fábrica de pasadores en China y ver cuán masivamente eran producidos, pensé que sería *cool* poder innovar de alguna manera en el concepto del *hair clip*, porque es algo que nadie antes había intentado hacer realmente.

Necesitábamos aplicar a nuestro *hair clip* los mismos principios de las *hair ties* invisibobble, es decir, el hecho de que no dejan marcas en el cabello ni provocan jaquecas. En otras palabras, nuestro *hair clip* sería amable con el cabello.

Comenzó a ser evidente que debíamos trabajar con una única pieza de plástico, porque sería menos propensa a enredarse y no perdería su forma, como suele suceder con los pasadores. Contratamos a un diseñador interno para ayudarnos, y trabajé con él, además de con los equipos de Investigación y desarrollo y Marketing, para explicar el tipo de objeto que pensábamos que podría funcionar.

Desarrollar nuestro *hair clip*, el Waver, tuvo mucho más que ver con el instinto que con los números. Si buscan "*hair clips*" en Google, verán que todos son variaciones decorativas de uno de los cuatro o cinco tipos de base metálica disponibles, o son de esos clips de plástico con forma de garra que sujetan el cabello. No existen virtualmente los *hair clips* transparentes.

Intentar explicar todo esto a un diseñador de productos masculino con cabello corto fue bastante gracioso, e involucró muchas demostraciones por mi parte. Fue un poco como cuando me coloqué por primera vez aquel cable telefónico en el cabello, allá por diciembre de 2011, y practiqué varios movimientos agitando, revoleando y meneando la cabeza, pero esta vez con pasadores metálicos. Colocaba uno en mi cabeza con un "ay" (algunos de esos pasadores son un poco brutales) y luego le pedía al diseñador que intentara sacármelo del cabello y colocarlo en el de otra persona.

Durante días, varias de las mujeres de la oficina, y algunos de los hombres, usaron diferentes horquillas metálicas para probar las marcas que dejaban en el cabello. Por un momento nuestra oficina se transformó en algo así como el museo del *hair clip*.

No solo empleamos un diseñador interno, también tenemos muchos equipos en nuestro departamento de Desarrollo de nuevos productos. Hay un set de realidad virtual que podemos usar para comprender cómo funcionarían el Waver y otros productos nuevos en el cabello de una persona, un sector de manualidades donde creamos maquetas y una impresora 3D para desarrollar prototipos.

Los *hair clips* normales mantienen el cabello en su lugar haciendo presión a ambos lados del pasador. Sabíamos que eso no funcionaría para nosotros. Para asegurarnos de que nuestro nuevo *hair clip* no fuera a dejar marcas, sabíamos que probablemente necesitaría ser bastante similar a nuestros *hair ties*, en el sentido de que la presión sobre el cabello debería estar distribuida en forma pareja. Lo que creamos, el Waver, tiene un lado que se asemeja a una forma de hélice espiral en 3D como las que se ven en los diagramas de ADN, lo que significa que se asienta con firmeza sobre el cabello sin dejar una marca. El otro lado es curvo, por lo que se adapta a la forma de la cabeza de cada persona, y el extremo de la parte superior del Waver se engancha con la parte de abajo para cerrarlo. No hay bisagras ni metal. Es completamente suave porque está hecho de una única pieza de plástico. Eso también significa que puede ser creado a partir de un molde, puede ser fabricado íntegramente por una máquina, y no necesita terminaciones a mano. Por ese motivo, para nosotros es rentable producir el Waver en Europa.

Al ser fabricados en Europa, también necesitábamos hallar un lugar donde pudiésemos empacarlos en forma rentable; y esa parte sí debía hacerse a mano.

Exploramos varias opciones que involucraran un salario justo, pero que también fueran rentables, y la combinación de ambas cosas es bastante difícil de encontrar. Luego, descubrimos el trabajo carcelario. En la mayoría de los lugares de Alemania se espera que los prisioneros trabajen, y se les paga por hacerlo. Cada cárcel ofrece diferentes niveles de trabajo, y empacar Wavers era algo que encajaba con los programas de varias cárceles del país. Los reclusos pueden ser ascendidos, pueden gastar lo que ganan en pequeñas cosas como cigarrillos o café, y el empleo generalmente forma parte de una iniciativa para reintegrar los prisioneros a la sociedad con miras a su libertad. Creo que existen razones complejas por las que las personas terminan en prisión, y está demostrado que cuando trabajan estando aún presas, se reintegran mejor a sus comunidades al momento de recuperar la libertad.

No siempre es fácil trabajar con cárceles, sin embargo, es algo que consideramos cuidadosamente. En una visita, noté que uno de los reclusos era de Perú y empecé a hablar con él en español, pero rápidamente fui apartada por un guardia. Aprendí que es mejor dejar que las líneas de producción trabajen sin ser interrumpidas. El Waver era la innovación más grande que habíamos hecho luego de la *hair tie* invisibobble Original, y pasaron 18 meses desde que desarrollamos la idea hasta que fue producido. Tener un equipo interno de diseño es algo inusual en nuestra industria, pero para nosotros tiene sentido porque significa que podemos trabajar con velocidad. Hoy en día creamos productos nuevos con mayor rapidez, pero como el Waver era nuestra primera invención después de nuestros anillos espiralados para el cabello, nos llevó un tiempo perfeccionarlo. Bautizarlo fue bastante fácil, porque se parece a una ola[55].

---

55. En español, *wave* significa 'ola'. *(N. del T.)*

Nuestro equipo interno de ventas solo predijo que venderíamos unos 20.000 packs de 3 Wavers en los primeros 3 meses, una cantidad muy baja considerando que vendemos nuestros productos en 80.000 tiendas de todo el mundo. A pesar de eso, tomamos un riesgo e hicimos un pedido de 300.000 packs, que normalmente demorarían cerca de 3 meses en venderse en las tiendas.

Los 300.000 packs de Waver se vendieron en 2 semanas. La gente lo amó por todas las razones por las que esperábamos que lo hicieran: se veía muy diferente a cualquier otro *hair clip*, era fácil de usar, y no dañaba el cabello.

Que se agotara tan rápido fue fantástico, pero significó que nos quedamos sin stock antes de haber empezado una nueva tirada de producción, y nos llevó meses tener más Wavers para enviar a las tiendas. Pero luego apareció otro problema. Las personas comenzaron a quejarse de que los Wavers se partían.

Recibimos notificaciones en nuestras redes sociales y en e-mails dirigidos a nuestra oficina central, y la gente estaba devolviéndolas a las tiendas, lo que significaba que nuestros minoristas también nos estaban contactando. Notamos que había un problema con el extremo del Waver cuando las personas unían ambos lados para cerrarlo.

A pesar de que el policarbonato que utilizábamos era muy resistente, se volvía más débil cuando lo convertíamos a la forma del Waver. Pudimos resolver el problema en un par de semanas cambiando ligeramente el material, pero perdimos ventas debido a eso. Cada vez que veíamos que alguien mencionaba su Waver roto en un comentario de YouTube o Facebook, le escribíamos para decirle que estábamos entusiasmados por el lanzamiento de nuestro nuevo producto y que descubrimos que había un problema, pero ya estaba solucionado. No fuimos la única empresa en la historia en lanzar un producto que no era 100% perfecto, pero espero que, al haberlo reparado, la gente nos perdone y lo supere.

Podríamos haber evitado esto haciendo una prueba en uno o dos países para ver cómo se vendía, y si le iba bien, podíamos seguir adelante y encargar una tonelada. Pero siempre dijimos que queríamos generar un gran impacto en todo el mundo con nuestra primera innovación, y creíamos que como las personas ya conocían las *hair ties* invisibobble, reconocerían la marca y estarían listas para nuestro nuevo producto. La gente estaba lista para el Waver, pero nos llevó un segundo intento perfeccionarlo.

23. Invis-a-booble. Imboba-vizzle. Invibi-sobble

LO QUE APRENDÍ:

- **Piensa muy cuidadosamente antes de enfrentar a alguien más grande que tú.**
- **Si las personas sienten que el nombre de tu marca es confuso, puedes hacer que eso sea algo positivo.**
- **Siempre odié todo lo que fuera aburrido o "vainilla".**

Aprendimos algunas lecciones legales por las malas. Las MUY MALAS. Tan pronto como descubrimos que la forma espiralada de nuestras *hair ties* podía efectivamente ser patentada, patentamos las formas de algunos de nuestros productos en ciertas partes del mundo. Un ejemplo de eso es nuestra pequeña *hair tie* Nano.

Un viernes por la noche, sin embargo, estaba echando un vistazo a los pasillos de uno de mis supermercados alemanes favoritos (lo típico) cuando noté unas pequeñas y adorables cajitas en forma de cubos apiladas en uno de esos grandes contenedores que hay cerca de las cajas. Me acerqué y vi, para mi horror, que era una réplica exacta de la invisibobble Nano. Era un producto que habíamos patentado. Por una vez llevábamos la delantera, y podíamos DESTRUIR a quien fuera que nos había hecho esto.

El lunes por la mañana le pedí a nuestra encargada del área legal (contratamos un asistente legal interno tan pronto como las copias empezaron a salirse de nuestras manos, un par de años antes) que enviara a la cadena de supermercados una carta de cese y desista, explicando que estaban vendiendo copias directas de NUESTROS productos, y que debían ser retiradas de las estanterías.

El supermercado no tiene un centro de distribución, por lo que la empresa iba a tener que recolectar las Nano falsas de cada una de las tiendas que las estuviera vendiendo, y ese iba a ser un trabajo enorme. Y esta cadena tiene miles de sucursales. ¡Sí! ¡Toma eso, cabrón!

La carta funcionó y los productos fueron retirados, pero me volví demasiado engreída. Lo que en ese momento no sabía era que la persona que había copiado invisibobble provenía de una corporación GIGANTE y, por lo tanto, tenía muchísimo dinero para tirarles a sus abogados.

Cerca de una semana después de haber enviado nuestra carta de cese y desista al supermercado, fuimos contactados por uno de los minoristas alemanes de alta categoría que vendían invisibobble diciendo que habían recibido una carta de cese y desista para dejar de vender nuestros productos. Y, por supuesto, la carta provenía de la empresa del tipo que hacía las Nano falsas.

Descubrimos que le había entregado nuestro packaging de invisibobble a un equipo legal para ver si todo lo que decíamos en el packaging se cumplía a nivel legal, y descubrieron que había una cosa que podían usar en nuestra contra. Una de nuestras afirmaciones de producto era que usábamos "colores ecológicos", y lo pusimos en el packaging porque Mei (¿la recuerdan?) nos había asegurado que los colores eran ecológicos. Le pedimos miles de veces que nos entregase un certificado de la fábrica que demostrara que esto era cierto, pero, como sucedió con tantas otras cosas, nunca lo hizo. El tipo de las Nano falsas estaba alegando competencia desleal porque decía que afirmábamos erróneamente que nuestros colores eran ecológicos.

Nuestra inocencia en el negocio algunas veces nos había ayudado —gracias a que no conocíamos las "reglas", teníamos licencia para hacer las cosas a nuestro modo—, pero esta vez la falta de conocimiento nos golpeó fuerte. Muchos de nuestros minoristas europeos comenzaron a contactarnos después de recibir cartas similares, y, de pronto, todos nuestros productos estaban siendo, una vez más, retirados de las estanterías; en esta ocasión en Europa. Y el tiempo que tienes para resolver algo así es muy limitado. Si no lo haces, los minoristas directamente se cierran y te informan que no van a volver a hacer negocios contigo.

Uno de nuestros minoristas alemanes de mercado masivo fue muy servicial y comprensivo, pero una de las cadenas farmacéuticas de mayor categoría nos retiró de sus estanterías durante cerca de dos meses.

Fue para mí otro período horrible y preocupante. Cada vez que algo así sucedía, comenzaba a trepar nuevamente la curva de la ansiedad y a mantenerme en el pico, hasta que parecía que las cosas podían solucionarse. No solo me preocupaba por la marca, sino también por todas las personas que trabajaban para nosotros en ese momento y por los gastos de estructura y alquiler. Ser una marca pequeña en una empresa pequeña en un mundo empresarial grande y malo es muy difícil.

Lo que aprendimos de la experiencia con el tipo de las Nano falsas fue a no molestar a alguien más sin antes asegurarnos de ser absolutamente a prueba de balas. Claro que él debió asumir el costo de retirar su stock completo de todos los supermercados alemanes, pero lo que nos hizo a nosotros fue proporcionalmente mucho peor. Al final, debimos firmar un acuerdo para permitirle continuar vendiendo sus productos; de otro modo, iba a hallar otras formas de atacarnos.

Ahora tenemos largos documentos que respaldan legalmente todas nuestras afirmaciones de productos y describen las razones por las que somos diferentes de otras *hair ties*, pero llevó mucho tiempo (y mucho dinero) hacerlo bien. Desafortunadamente, algunas de mis experiencias en el negocio me hicieron confiar mucho menos en las personas. Siempre creo que tendrán malas intenciones, y no es como quiero sentirme, pero después de haberme quemado demasiadas ocasiones, ahora soy mucho más cautelosa.

Muchas veces se habla del espíritu emprendedor como si fuera una especie de cuento de hadas, pero realmente no lo es. Atraviesas muchísima mierda, y simplemente debes continuar haciéndote camino a través de ella sin rendirte jamás. No es que comienzas una empresa y luego te relajas. Comienzas una empresa y trabajas hasta el agotamiento. No te tomas vacaciones, y si lo haces, en ocasiones debes cancelarlas para trabajar porque, especialmente al principio, eres la única fuerza de trabajo. Muchos fundadores apenas pueden solventar sus gastos de vida; ciertamente es así al principio, porque TODO es destinado a su negocio.

Hacia el final de 2017, invisibobble se vendía en 50.000 lugares de todo el mundo. Nos estaba yendo bastante bien. Sin duda podríamos habernos detenido en ese punto. Pero tenemos un dicho en el negocio, hablamos de "insatisfacción constructiva", que significa que por mucho que hagamos, no estamos satisfechos a largo plazo, porque el siguiente gran triunfo, el siguiente desarrollo de producto, puede estar a la vuelta de la esquina. Aun si firmamos un acuerdo con un minorista que vale medio millón de dólares, estamos presionando para llegar al próximo. Y por eso nuestra insatisfacción es constructiva, porque nos ayuda a crecer. Podríamos haber dicho: "Bueno, ya estamos" cuando teníamos 22 años y le estaba yendo bastante bien al negocio, pero, tal como dice Niki, la autocomplacencia es la muerte del éxito. Tan pronto como te des una palmada en la espalda por haber logrado algo, habrá otras diez personas detrás de ti intentando quitártelo.

Niki tiene una diapositiva de presentación que siempre muestra en las reuniones empresariales, en la que el nadador olímpico Michael Phelps se encuentra de pie sobre los bloques segundos antes de que comience una carrera. Está completamente enfocado en sí mismo y en conquistar la piscina a la que está por saltar. El punto es que queremos únicamente enfocarnos en nosotros mismos y no mirar hacia la derecha o hacia la izquierda, o prestar demasiada atención a lo que hace la competencia. Porque si lo haces, tropiezas. No puedes ser completamente miope y no puedes ignorar al mercado, pero si miras lo que están haciendo todos los demás e intentas hacer lo mismo, nunca ganarás.

En mi opinión, las personas que copiaron nuestros productos no eran ganadores. Es un poco como los *smartphones*. Nadie sabía que necesitaba uno hasta que fueron creados, pero son un éxito enorme. De manera similar, todos pensaban que los *hair clips* estaban bien como eran hasta que les mostramos que podía haber una oportunidad distinta y mejor.

Hasta fines de 2017, confiamos en buenas RR. PP. para hacer que nuestro nombre y nuestros productos se hicieran conocidos, y contar con la distribución correcta era absolutamente crucial. Nunca habíamos invertido dinero en publicidad para invisibobble, pero para esa época sentí que necesitábamos dejar una marca más fuerte en Estados Unidos. Teníamos una gran distribución, pero nos preocupaba que los minoristas comenzaran a hacer sus versiones de marca propia del producto, y necesitábamos una manera de hacer que la gente tuviese claro que invisibobble es la *hair tie* original (y la mejor, por supuesto).

Contratamos una agencia de publicidad en Nueva York, y volé hasta allí para hacer una presentación con Lisa (finalmente hice el viaje hasta Nueva York desde Múnich tan solo por unas 18 horas, porque el vuelo estuvo muy demorado). Fue una buena reunión, y pasé siglos explicando cómo fundé invisibobble con Felix, cómo alcanzamos un cierto nivel de distribución en Europa y EE. UU. y cómo ahora necesitábamos asegurarnos de que nuestros consumidores nos comprendieran. Comenzamos a hablar sobre los beneficios del producto, pero no quería que fueran un punto focal de nuestra publicidad porque las personas pueden perfectamente llevar *hair ties* espiraladas de marca propia cuando las encuentran en la estantería de una tienda. A pesar de que otras empresas pueden imitar nuestro producto —y lo hicieron—, la única cosa que no pueden copiar es nuestro nombre.

Casi un año después de comenzar la empresa, nos dimos cuenta de que las personas no estaban comprendiendo realmente el nombre "invisibobble", y llegó a un punto en el que decidimos que deberíamos llamar al producto de otra manera. Nos encerramos en un dormitorio durante tres días para pensar en alternativas. Pero no se nos ocurrió nada más, por lo que nos quedamos con el nombre original.

Nombrar la marca en función de la ventaja comercial exclusiva de un producto es un error común. Así, "invisibobble" representa el hecho de que nuestras *hair ties* no dejan una marca; a eso corresponde la parte de invisible del nombre. Lo cierto es que ese nombre podría habernos limitado al lanzar otros productos, porque técnicamente un *hair clip* no es una *hair bobble*, por ejemplo.

En un momento estábamos considerando usar "invisi" delante de otros tipos de accesorios para el cabello; por ejemplo, el Waver podría haber sido el "invisiclip". Sin embargo, después de discutirlo en detalle, decidimos que mantendríamos la marca invisibobble como marca principal, y luego pondríamos los nombres de nuestros productos "debajo", como Waver, Bunstar y Sprunchie, que es una *scrunchie*[56] con una invisibobble por dentro. El término técnico para esto es "arquitectura de marca", pero, por supuesto, no teníamos idea de que existía tal concepto cuando comenzamos el negocio.

Los comerciantes experimentados de una gran empresa seguramente habrían desarrollado el rango completo de productos desde el primer día, con una arquitectura de marca establecida. Pero no estoy tan segura de que eso hubiera funcionado para nosotros, porque si hubiésemos presentado a un comprador minorista la *hair tie* espiralada, además de un *hair clip* de plástico y un nuevo tipo de *scrunchie*, habría mirado el rango y dicho: "No, todos sus

56. Goma elástica adentro de una tela. *(N. del T.)*

productos se ven muy extraños y demasiado diferentes a otros accesorios para el cabello. Gracias, pero no, gracias".

En fin, desde el primer momento, a las personas les resultó difícil de decir y recordar "invisibobble" como nombre de marca. Podría incluso decir que es específicamente el mayor problema que tuvimos en términos de desarrollo de la marca. Sabíamos que las personas recordaban las *hair ties* espiraladas como producto, pero no eran tan buenas a la hora de recordar *invisibobble* como nombre de marca o apreciar que hacíamos la versión original de las *hair ties* que no dejaban rastros.

Hacia el final de nuestra reunión con la agencia de publicidad, toqué en el nombre y expliqué que no creía que unir "invisi" y "bobble" fuera un problema. De hecho, pensaba que era un gran nombre, pero aparentemente era la cosa más complicada del mundo.

Cerca de una semana más tarde, la agencia nos presentó ideas para tres campañas diferentes. Ni siquiera recuerdo las primeras dos, pero la tercera me hizo reír en voz alta. En la pantalla me mostraban una palabra:

Invis-a-booble.

Luego aparecía otra en la pantalla:
Imboba-vizzle.

Y finalmente:
Invibi-sobble.

Toda la campaña estaba basada en el hecho de que nadie podía pronunciar "invisibobble" correctamente. La idea era grabarla en el estilo de un desmesurado anuncio de perfume en el que tres actrices sostienen cada una un pack de invisibobbles y exclaman, mientras la cámara va de una a otra, "a la moda", "confiable", "deseable" con sus mejores voces de fragancia sexy. Pero cuando llegan al momento de tener que decir "invisibobble" simplemente no pueden decirlo correctamente, y, en cambio, dicen "invis-a-booble", "imboba-vizzle" o "invibi-sobble". Un director ayuda a las mujeres a ensayar cómo decir "invisibobble", y, finalmente, lo hacen antes de que el anuncio termine con una voz en *off* diciendo "invisibobble. Así de simple". Amé el anuncio porque se trataba del nombre, que es el mayor problema que tenemos con nuestra marca, y lograba comunicar todo de una manera realmente divertida, pero también simple.

Sin embargo, algunas personas lo odiaron.

Lo odiaron porque dijeron que era sexista, o antifeminista, porque en el anuncio el director es un tipo que intenta explicarle a mujeres cómo deberían pronunciar invisibobble. Pero las mujeres definitivamente no parecen estúpidas, y, además, el anuncio es una parodia de un comercial de perfumes, y el punto es que no pueden descifrar cuál es el nombre del producto.

La gente lo amó porque fuimos honestos con respecto a que las personas pronunciaban mal el nombre, y publicaban comentarios en Facebook encantados con el hecho de que nos estábamos burlando de anuncios de perfumes que se tomaban demasiado en serio. ¿Y aquellos que lo odiaron por ser "antifeminista"? Estaban tan enojados que etiquetaban a diez personas más en redes sociales. Perfecto.

Algunas marcas son muy "vainilla" cuando se trata del marketing, pero en mi caso eso no funciona. Me encantó el hecho de que el anuncio generara polémica, porque significaba que la gente hablaría de él. Lo bueno era que aun si lo amaban o lo odiaban, se lo estaban contando a sus amigos.

Siempre es difícil medir el impacto exacto de la publicidad en las ventas, pero sabíamos que la campaña era popular porque puedes medir la cantidad de veces que las personas la ven o hacen clic en ella. La publicamos en Facebook en junio de 2018 y le fue mucho mejor que a los anuncios convencionales de productos de belleza y para el cabello.

Siempre sentí odio por todo lo que fuera "vainilla" o débil, o esas cosas que solo "están bien". Supongo que si lo reflejo en mí misma, tengo miedo de ser "vainilla". Un objetivo muy grande para mí en la vida es que al pensar "¿cómo me está yendo?", la gran pregunta que me hago es: "¿estoy haciendo algo promedio?". La peor forma en la que puedo decepcionarme a mí misma es siendo promedio, porque si eres promedio, simplemente te mezclas con el montón. El helado de vainilla les gusta a todos, pero no es el favorito de nadie. Si probaras un helado con gusto a sushi, definitivamente hablarías sobre eso y lo recordarías, porque lo amarías o lo odiarías (aunque probablemente sería lo segundo).

Creo que probablemente sea por eso, al menos en parte, que se me ocurrió en primer lugar la idea de una *hair tie* espiralada, y por eso me encantó, porque se veía tan rara. Definitivamente no vainilla.

24.
Construye ese muro, ja, ja

LO QUE APRENDÍ:

- **Las marcas tienen una relación de amor-odio con Amazon.**
- **Un muro dentro de una tienda cuesta una tonelada de dinero, pero vale la pena.**
- **Aparentemente, 15 mg de THC te dejará colocaaaaaaaaaaaado.**

No hablé mucho realmente sobre vender *online*, porque no es algo que hayamos hecho demasiado. En 2012 comenzamos con una tienda *online* que armamos vía Shopify, pero la cerramos después de un año porque comenzamos a tener distribución en peluquerías y minoristas. No es realmente viable para nosotros a nivel financiero tener nuestra propia tienda *online* (por ahora) debido a que los costos de envío que tendríamos que sumar seguramente equivaldrían al valor de un pack de tres invisibobbles.

Y por supuesto, existe un minorista *online* masivo que no mencioné hasta ahora, con el que las marcas tienden a tener una relación de amor-odio.

Amazon.

Como somos una marca que no tiene sus propias tiendas, dependemos de que los minoristas vendan invisibobbles en nuestro nombre, y como ya lo expliqué, eso implica una GRAN cantidad de negociaciones y desarrollo de relaciones, pasar noches sin dormir, volar alrededor del mundo y tener que pensar creativamente cuando un minorista predice que tendremos un año de ventas planas.

Amazon no se parece a ningún otro minorista. Es muy poderoso porque tiene muchísima información acerca de cómo las personas compran, y, por tanto, puede comprender exactamente qué se debería vender y a qué precio. Y puede aplicar esa información a la creación de sus propias marcas, tal como un minorista de ladrillos.

Pero también es un lugar donde la competencia es feroz. Si buscas GHD (una de las mayores marcas de alisadores de pelo que existen) en Amazon, por ejemplo, los resultados superiores de la página mostrarán los alisadores de GHD como productos patrocinados, seguidos de otra fila de alisadores patrocinados que no son de GHD. Luego, la siguiente fila corresponde a productos de GHD. Haz clic en uno de ellos e irás a la página del producto. Pero justo después de la descripción de los alisadores, habrá un anuncio de una marca diferente pero similar, y a un precio más bajo. Entonces, en cada paso del camino, Amazon gana dinero mostrando anuncios que pueden tentar a las personas a alejarse de tu marca.

Y a menos que tengas un control muy firme sobre tu distribución (Gap y Zara solo venden en sus propias tiendas, por ejemplo, pero Adidas vende sus productos en una variedad de lugares), hay muchas posibilidades de que termines en Amazon de todas formas por medio de revendedores (también conocidos como el "mercado gris").

Al igual que sucede con otros minoristas, si Amazon recibe algún tipo de carta legal o sugerencia de que se están vendiendo *online* imitaciones de un producto, te retirarán inmediatamente. Hacia fines de 2018, otra compañía de accesorios para el cabello decidió buscar una vieja patente para una *hair tie* que se veía apenas parecida a invisibobble. Esa compañía escribió a Amazon y decidió decirles que estábamos incumpliendo aquella patente, y entonces Amazon, en toda su sabiduría, dejó de vender invisibobble *online*.

Es muy difícil hablar con un ser humano real en Amazon, y lidian con la mayoría de los problemas de vendedores mediante un sistema *online* que puede tardar siglos. Al tiempo que intentaba lograr que comenzaran a vender invisibobble nuevamente, también quería vengarme de la compañía rival de accesorios para el cabello. Entonces, hice lo impensable. Llamé a uno de los tipos con los que tuvimos una pelea por una patente. Lo llamé y dejé mensajes varias veces, pero nunca me devolvió el llamado. Le envíe un e-mail.

Mail De: Yo
Para: Tipo de las patentes
Enviado: Sáb 1 de diciembre de 2018, 9:01 a. m.
Asunto: La Navidad llegó antes de tiempo

Querido tipo de las patentes:

¿Me recuerdas? Soy Sophie, de invisibobble. Tuvimos una pelea por patentes y te di un gran regalo una Navidad para que te alejaras.

Ahora que tengo tu atención, quería que supieras que hay otra empresa de *hair ties* vendiendo en Amazon, y que consiguieron darnos de baja porque aseguran que hay una vieja patente dando vueltas que estamos infringiendo.

¿Puedes hacerme un favor? ¿Podrías reportar la compañía XXXX por estar infringiendo TU patente?

Me encantaría recibir un regalo de Navidad anticipado.

Saludos afectuosos,

Sophie.

Nunca recibí una respuesta por parte del tipo de las patentes, pero solo digamos que, de un momento al otro, la otra empresa de accesorios para el cabello ya no estaba en Amazon. Luego todo se descontroló completamente, porque aquella empresa rival de accesorios para el cabello reportó los productos del tipo de las patentes y, en un momento, ya no había una sola *hair tie* espiralada en Amazon, justo antes de la Navidad. Llevó un par de semanas resolver el problema, y ese año no tuvimos una muy feliz Navidad de Amazon.

Logramos ser comercializados por una cadena especialista en belleza de Estados Unidos, una que comenzó como una empresa proveedora de peluquerías y ahora vende productos a clientes habituales. Obtuvimos la comercialización en 2018, y estaba bien, pero yo quería más.

Yo quería un muro.

Un muro es donde podríamos tener nuestro propio espacio de exhibición en una tienda, un sector con nuestro propio estilo y colores separados, que muy obviamente pertenezca solo a invisibobble. Si observas la sección de *hair ties* comunes de una tienda, a menudo dirá algo como "precios convenientes" en la parte superior, porque las *hair ties* elásticas comunes y corrientes, sin marca o de marca propia, son simplemente cosas baratas abrochadas de a 50 unidades a un pedazo de cartón. Tener nuestro propio muro es el equivalente en accesorios para el cabello a tener un exhibidor de marca de maquillaje de lujo en una tienda.

Y como nosotros, esencialmente, reinventamos la categoría de accesorios para el cabello con productos que tenían un distintivo genuino (no dejan una marca en tu cabello) y un packaging innovador, sabía que también podíamos crear un muro exhibidor completamente diferente.

Esta cadena de tiendas en particular es perfecta para invisibobble, porque está repleta de mujeres jóvenes y a la moda que aman las marcas y la experiencia de comprar cuando van a esta cadena de belleza. Tienen cerca de 1.200 sucursales a lo largo de Estados Unidos y son percibidas como muy influyentes. Reciben mucha atención de la prensa, y sus asociados dentro de las tiendas a menudo son fanáticos del cabello y la belleza que realmente se preocupan por los productos que venden.

Claro que cuando quieres ocupar más espacio en una tienda, debes negociar duro. Si quieres más espacio para tu marca, los productos de otras compañías deberán hacer lugar para los tuyos, y debes pagar al minorista para recibir ese privilegio. Luego, en lugar de simplemente enviar cajas de productos a la tienda, también debes enviar los exhibidores para la pared, con los productos ya montados, y debes envolverlos de manera tan cuidadosa que no puedan dañarse y costarte muchísimo dinero. Y como los minoristas toman a los muros como espacios de publicidad, también debes pagar para estar allí.

A pesar de la gran inversión que debíamos hacer, para mí el muro tenía una importancia ENORME, porque sería la primera vez que podríamos "poseer" una parte de una tienda. Cada vez que tenía una reunión con nuestro equipo de ventas preguntaba "¿dónde está nuestro muro?" y en ocasiones recibía alguna respuesta vaga como "oh, no permiten que los accesorios para el cabello tengan muros". Pero lo nuestro es romper barreras, ignorar las reglas y, admitámoslo, inventar cosas sobre la marcha. En mi cabeza, "no nos lo permiten" es solo una excusa. Para mí, un muro en uno de los minoristas de belleza más prestigiosos del mundo era algo muy importante, algo así como la materialización de mi visión para invisibobble. Nos llevó alrededor de un año de negociaciones lograr que aceptaran nuestro muro, y luego otros seis meses hasta que estuvo diseñado, construido y enviado a sus tiendas.

El diseño era muy importante para mí porque nos permitía, por primera vez, comunicarnos con los clientes dentro de la tienda en forma apropiada. Las personas no me tienen en sus oídos contándoles todo sobre invisibobble, pero podemos usar nuestro packaging y lo que colocamos en nuestro muro para mostrarles por qué somos diferentes. Nuestro muro tiene el tamaño de aproximadamente media puerta, y nos permite contar un poco más sobre la historia y los valores de la marca. Otra gran ventaja de tener un muro es que se encuentra literalmente atornillado a... un muro. A diferencia de los exhibidores de cartón, no puede ser trasladado o removido con facilidad; estamos en ese lugar permanentemente, a menos que alguien nos saque con una palanqueta. El término de marketing para eso es ser "pegajoso".

Después de un año y medio de diseñar, investigar, negociar y pagar un montón de dinero, nuestros muros finalmente estaban siendo entregados a las tiendas. Recibía fotos de ellos, pero no los había visto en persona. En junio de 2019 viajé a Los Ángeles para ver nuestro muro por primera vez. Estaba en la ciudad por una semana para tener reuniones y tuve la oportunidad de visitar una tienda con Ignacio, uno de los muchachos que habían comenzado a trabajar para invisibobble en Estados Unidos. Ignacio ya había visto el muro y estaba bastante contento al respecto, pero insistió en que debíamos ir juntos, con champaña, a celebrar por nuestro nuevo muro.

Mientras pensaba en que vería el muro por primera vez, no sabía si debía reír, llorar o encogerme de hombros. Decidimos visitar la tienda un viernes por la tarde, después de terminar con todas nuestras reuniones. El miércoles, Ignacio y yo estábamos desayunando. Se inclinó sobre la mesa hacia mí.

—Oye. Compré algo —murmuró.

—¿Qué, otro par de tenis? —(A Ignacio le gustan mucho los tenis de diseño).

—No —dijo, echando miradas de izquierda a derecha—. Fui a Med Men.

—¿Qué es Med Men? —pregunté.

—¡La tienda de hierba! ¡Compré comestibles!

—¿Eh?

—Sí, amiga, aquí es legal.

Me entregó una caja pequeña y blanca que afirmaba que los contenidos eran "elaborados con verdaderas frutas y sabores naturales". La abrí y adentro había unas gomitas rojas y masticables.

—¡Deberíamos comerlas en algún momento! —dijo Ignacio.

—OK. Esperemos al fin de semana, ¿no?

Llegamos al viernes por la tarde y, como esto era L. A., nos sentamos al costado de la piscina del hotel con nuestras laptops escribiendo e-mails después de una larga mañana llena de reuniones.

Miré hacia arriba y me encontré con la cajita blanca sobre la mesa.

—Deberíamos comer una ahora —dijo Ignacio murmurando (murmurando, a pesar de que es perfectamente legal consumir cannabis en forma recreativa en California).

Tomé la caja: 5 mg de TCH por gomita, decía.

—¿Qué significa eso? —pregunté.

Lo googleé, y el THC es la parte psicoactiva de la planta de marihuana, la parte que te coloca. Internet también me dijo que la escala de dosis de THC va de cero a 100. Hasta 2,5 mg se considera una microdosis, así que en verdad ni siquiera la sientes.

Luego decía que 5 mg o 10 mg o hasta 15 mg eran las dosis mínimas para colocarse (por cierto, siempre busquen el consejo de expertos si van a tomar THC en forma legal; no tomen mi palabra en cuenta). Pienso que si llegas a los 60 mg, más o menos, entonces consumes el equivalente a 7 Jager bombs, y 100 mg se sienten como si el mundo diera vueltas y estuvieras vomitando por todos lados.

Y tal como cuando se bebe una cerveza, lleva tiempo que los ingredientes activos hagan efecto, tal vez una hora. Entonces, ambos tomamos una gomita, que tenía simplemente el sabor de una golosina masticable, y continuamos con nuestros e-mails.

En un punto miré a Ignacio y le pregunté si podía sentir algún tipo de efecto. No podía.

Otra cajita blanca apareció sobre la mesa. "Estas son más fuertes", dijo. Tomó una gomita, la mordió y me dio la mitad. Y de repente comprendí que ambos consumimos entre 12 mg y 15 mg. Era hora de prepararse para ir a la tienda de belleza y finalmente observar el muro con el que había estado soñando.

Comenzó en la ducha.

Estaba lavando mi cabello con champú y, de pronto, podía sentir cada folículo capilar con mis manos, y había millones de ellos. Tenía mucho, demasiado cabello en mi cabeza. Logré bañarme y vestirme, y mientras bajaba las escaleras para encontrarme con Ignacio, retorcía los dedos de mis pies como garras y podía sentir cada uno de los diez, individualmente, en mis zapatos. Y luego, mientras esperaba a Ignacio, todo se sentía como si fuera un personaje en una película, y de repente todas las personas en el hotel se encontraban bajo el agua, estábamos en el océano, y se acercaba una tormenta... Luego, apareció Ignacio.

—Hola, debemos ir a buscar la champaña —dijo.

La diferencia entre 5 mg y 12 mg de TCH es aparentemente inmensa, porque pasé de no sentir ningún efecto a estar tan elevada como el caluroso cielo de L. A. en la media hora que demoré en prepararme.

Fuimos a una tienda de comestibles, y sostener una pequeña botella de champaña, unas papas fritas y dos vasos de plástico se sintió como lo más difícil que había hecho en mi vida. Y en el auto camino a la cadena de belleza, las cosas se fueron poniendo progresivamente peores. Debido a que había comido una gomita en lugar de fumar un porro, sentí un efecto prolongado en lugar de un impacto breve. Estaba presionando mi rostro contra el costado del Uber, sintiendo que todo era irreal y preguntándome: "¿Qué estoy haciendo? Ah, sí, recuerda, Sophie, estás en un Uber camino a la cadena de belleza para ver tu muro de invisibobbles, en el que aparece tu rostro, justo en medio del muro, con el logo de invisibobble y todo, su propia sección, y ¡mira! Hay una botella de champaña rodando por el piso de este Uber, y allí está Ignacio, nuestro representante en Estados Unidos, y está sentado junto a mí en este auto, que es un Uber, y ¿por qué estamos en un Uber?".

Finalmente, llegamos a la tienda, que estaba rodeada por otras tiendas y un enorme estacionamiento. Apenas podía bajarme del auto. Este momento, por el que había esperado y trabajado durante tanto tiempo, por fin había llegado, y yo estaba tan colocada que casi no podía moverme. Las gomitas no parecían haberle hecho nada a Ignacio, quien comenzó a caminar hacia la entrada. Comencé a reír. Estaba riendo tan fuerte que no creí que debiera ser vista en público, pero realmente quería entrar a la tienda para ver nuestro muro. Tomé la mano de Ignacio, caminando lo suficientemente cerca y detrás de él para que la gente no pudiera ver mi rostro, pero no tan cerca como para poder tropezarme con la parte trasera de sus tenis de diseño.

Entramos. Todos comenzaron a mirarnos, y especialmente a mí. Estaban mirándome fijo, y con cada paso que dábamos por el pasillo más y más miradas se detenían en nosotros. El pasillo era largo; tan largo que no podía ver dónde terminaba, y esto me hizo reír aun más fuerte. Continuamos caminando y las personas continuaron mirándonos. Finalmente, llegamos al muro. Nuestro muro de invisibobble. Allí estaba, pero todo lo que pude hacer fue reírme tan fuerte que terminé llorando.

Logré recobrar un poco la compostura, y una vez que lo hice, comencé a contar para asegurarme de que todos los ganchos estuvieran en su lugar, con packs de invisibobble colgando de ellos. Se los llama clavijas, y las 45 estaban presentes y en el lugar correcto. Cuatro de las clavijas son estacionales, por lo que podemos exhibir en ellas nuestras colecciones especiales, y lo mejor de eso es que podemos escoger exactamente qué exhibimos y cuándo. El muro se veía genial, y creo que me hubiese sentido muy colocada al verlo aun si no hubiese comido gomitas cubiertas de THC.

Después de ver nuestro muro se suponía que iríamos a cenar con un tipo de RR. PP. muy reconocido en L. A., pero estaba tan drogada que no podía hablar. Ignacio fue por su cuenta y yo volví al hotel para acostarme en la cama. A las 5:30 p. m. ni siquiera estaba oscuro, pero dormí bastante bien, más allá de despertarme de vez en cuando con hambre y reptar hasta el minibar para atacarlo. Para las 5:30 a. m. ya había comido todo, así que en ese punto me desperté y salí a dar una vuelta por un extrañamente vacío Beverly Hills.

Mientras trotaba de vuelta hacia el hotel, me sonreí. Habíamos conseguido nuestro muro.

25.
Los buenos viejos tiempos

LO QUE APRENDÍ:

- **Mantener la cultura de empresa emergente al crecer es crucial; y puedes hacer esto contando historias.**
- **Estoy respirando profundo y "dándome a conocer" como fundadora.**
- **Los tipos calvos saben qué es invisibobble.**

Cuando observo en retrospectiva lo que hicimos con invisibobble, estoy bastante orgullosa. Cometimos algunos errores, seguro, pero para mí esa es la única forma de aprender.

Pasaron ocho años desde que me senté en el dormitorio de mi universidad durante una semana de aquel diciembre frío, intentando pensar en un producto que pudiera crear y vender. En la universidad, Felix y yo queríamos dedicar nuestro tiempo a algo más significativo que solo salir y beber vodka tonics siete noches por semana y ocasionalmente pasar el día estudiando. Creo que jamás hubiéramos imaginado o soñado que invisibobble se convertiría en lo que es. De hecho, Felix dijo que "no existía ni una maldita posibilidad" de que hubiese podido imaginar cuando era joven que trabajaría en el negocio de accesorios para el cabello.

Tampoco existe ni una maldita posibilidad de que nuestros papás nos hubieran dado el dinero para comenzar una empresa de accesorios para el cabello (o para comenzar ningún tipo de empresa, de hecho). La combinación entre la agudeza de Felix para los negocios y mi visión creativa nos ayudó a ser más exitosos, como también lo hizo la confianza plena de nuestros socios comerciales, Dani y Niki; y ahora invisibobble está completamente integrada a New Flag tras haberse convertido en una de sus propias marcas. Eso hizo que yo también pasara a formar parte de New Flag como su cuarta

CEO y accionista, aunque, por supuesto, mantengo mi lugar como la mamá de invisibobble.

Me doy cuenta de que tuvimos suerte de encontrar grandes socios comerciales y comprendo que poder hacer cosas como ir a la universidad en el extranjero es un privilegio, pero creo que la inmensa cantidad de dedicación y trabajo muy muy duro es la que hizo que invisibobble sea un éxito. Podríamos habernos dado por vencidos cuando nos copiaron, cuando nuestra embarcación se incendió o después de descubrir que nuestra fábrica era falsa, pero seguimos hacia adelante y hacia arriba.

En abril de 2019 celebramos la venta de nuestra *hair tie* número 100.000.000, pero en cierto modo siento que recién estamos comenzando.

Mi sueño sería abrir tiendas insignia de invisibobble en Nueva York y Londres que sean hermosas y brillantes, el equivalente en accesorios para el cabello a un punto de venta de maquillaje lujoso, pero accesible. Las tiendas tendrían nuestro catálogo completo de productos, desde la invisibobble Original en su versión Crystal Clear hasta el Bowtique en montones de colores diferentes y nuestra nueva Wrapstar, una invisibobble combinada con un largo lazo que lanzamos en Alemania en 2020.

En la tienda habría una barra de peinados recogidos gratuitos y una estación de customización en la que las personas podrían crear sus propios packs de tres unidades que luego serían empacados con sus nombres. Una cabina fotográfica podría tomar fotos y subirlas directamente a Instagram, y las personas podrían participar de una competencia para ganar un brazalete invisibobble de oro o plata. Y, por supuesto, habría un muro estacional con todas nuestras colecciones y colaboraciones especiales. Sería como una tienda de golosinas creativa y colorida para tu cabello. Las tiendas insignia como esta son tremendamente caras debido al alquiler que debes pagar, pero lo que no aportan en margen lo compensan en amor por la marca y reconocimiento.

También me gustaría vender en forma directa por invisibobble.com, pero no es rentable para nosotros en este momento. Sería demasiado caro cumplir con los pedidos si alguien gasta poco dinero. Y a pesar de que somos un negocio innovador que creó una categoría completamente nueva y de que presionamos a los minoristas para que tomasen un riesgo con nuestros productos, lo cierto es que somos bastante cuidadosos. No invertimos mucho en marketing, por ejemplo, y siempre buscaremos formas de ser eficientes (aunque no tacaños) con el dinero.

Hablando de marketing, evolucionamos desde aquellos días en que nos infiltrábamos en eventos de moda esperando que las celebridades recogieran nuestras invisibobbles, ahora planificamos cuidadosamente nuestro *feed* de Instagram además de hacer eventos divertidos para peluqueros. En el verano de 2019 creé mi propia cuenta de Instagram, @sophie_invisibobble, porque notamos que las personas estaban interesadas en la historia de invisibobble, y fue alrededor de esa época cuando también comencé a escribir este libro.

Ser la cofundadora de una empresa de ocho años de antigüedad se trata de crecer con la marca. A medida que fuimos madurando, comprendimos más sobre nosotros mismos y sobre cómo queremos manejar nuestra empresa. Aprendimos también sobre cómo tener buenas relaciones entre nosotros y con nuestros clientes.

Pasé de ser bastante tímida con respecto a invisibobble (¿recuerdan cómo corrí hacia la vuelta de la esquina en el centro de esquí en Suiza para llorar cuando confirmamos nuestro primer acuerdo de comercialización en el Reino Unido, porque no quería contárselo a nadie?) a convertirme en el rostro de la marca. A pesar de que desde un primer momento me dio timidez "darme a conocer", siento que poder dar una mirada al detrás de escena de la vida de invisibobble es algo que a las personas les interesa. Pocas marcas tienen un fundador propiamente dicho, y por eso tiene sentido para nosotros sacarle provecho. Todavía es raro ver imágenes mías en nuestros exhibidores, o videos de mí misma en YouTube, pero me estoy acostumbrando.

A veces hablamos en la oficina sobre los "buenos viejos tiempos", cuando invisibobble era una empresa emergente muy rudimentaria, y Felix y yo abríamos cajas de *hair ties* que llegaban desde China, probablemente las teníamos que limpiar en el lavabo, y luego las esparcíamos por toda la sala de los papás de Felix. Y si bien ahora tenemos un negocio organizado, extraño los tiempos en que debíamos hacer todo nosotros mismos, como cuando tuve que pretender pertenecer al "equipo" legal de invisibobble, o cuando le dijimos a un distribuidor durante una presentación que teníamos 22 años a pesar de que seguíamos siendo adolescentes.

Trabajamos duro para mantener esa cultura viva, reuniéndonos todos los meses con la empresa completa en nuestro bar interno. Ocasionalmente, mientras bebo un vodka tonic (o una cerveza, mi bebida preferida en estos días gracias a que vivo en Bavaria, donde la cerveza literalmente forma parte del desayuno tradicional), cuento la historia de cómo Felix y yo debimos empacar un palé con decenas de miles de invisibobbles —dos veces— y luego recibimos multas porque habíamos hecho todo mal, o hablo sobre aquella vez en que descubrimos que nuestra fábrica en China era solo una fachada.

También hablé con nuestro equipo sobre mi charla TEDx. En ella me enfoco en tres cosas: que las ideas para nuevos productos o negocios pueden ser fenomenalmente exitosas (en mi experiencia limitada) 1) si son simples, 2) si son económicas, y 3) sin que necesites ser un experto en la industria que escogiste. La simplicidad es algo hermoso porque para nosotros significó que pudimos desarrollar nuestro producto rápidamente; y de no haber funcionado, habríamos fallado en poco tiempo y perdiendo poco dinero. El no ser expertos en el campo que escogimos (y esto aplica especialmente a Felix) no fue un problema, porque no conocíamos las reglas, y eso hizo que hiciéramos las cosas a nuestra manera, rompiéndolas ocasionalmente en el proceso.

Lo que en verdad teníamos era una visión, que era la de ponerle una marca a una *hair tie* para que pudiera ser asociada con un estilo de vida, y eso permitió que vendiéramos invisibobbles en locales de moda y tiendas departamentales, pero también en farmacias comunes. No provenir de la industria evitó que estableciésemos límites artificiales para nosotros mismos, porque no conocíamos la regla que decía que las *hair ties* eran simplemente mercancías baratas abrochadas a pedazos de cartón que solo se vendían en cadenas minoristas. Y mi punto final acerca de haber comenzado nuestro negocio con poco dinero, como ya lo dije, invisibobble comenzó con el equivalente a 1.350 vodka tonics.

Intento explicar que somos exitosos porque no hacemos las cosas que todos los demás hicieron, y por eso tomamos riesgos. Quiero que todos en la empresa comprendan el panorama completo de invisibobble, y eso podría significar, por ejemplo, que alguien que no forma parte del equipo de desarrollo de nuevos productos se acerque a nosotros para presentarnos una idea. También significa que le otorgamos licencia a las personas para probar cosas nuevas y arriesgarse a fallar. Si no funciona, no importa; seguimos adelante. Me da mucha más alegría que alguien tome un riesgo y no funcione en lugar de que analice algo 50 veces y luego no lo haga porque no es lo suficientemente audaz.

La cultura de nuestra empresa también es afectada positivamente por el hecho de que no tenemos una estrategia de salida. Muchas personas en trabajos "comunes" sueñan con convertirse en emprendedores, y como yo soy lo suficientemente afortunada de estar viviendo ese sueño, ¿por qué lo abandonaría?

Con frecuencia le preguntan a Evan Spiegel, el fundador de Snapchat, por qué rechazó una oferta de Facebook por la compra de su empresa que se dice que fue de USD 3.000 millones.

"Lo mejor es que sin importar si vendes o no, aprenderás algo muy valioso acerca de ti mismo. Si vendes, sabrás inmediatamente que, de todas formas, no era el sueño correcto. Y si no vendes, probablemente tienes algo entre manos. Tal vez tienes el comienzo de algo significativo", fue el razonamiento que dio Spiegel en su discurso durante una ceremonia de graduación de la Escuela de Negocios Marshal de la Universidad de California en 2015. Para mí, invisibobble es ese "algo significativo", algo que amo y que quiero que los otros también amen. Me importa mucho lo que los consumidores piensan de nuestros productos; examino las redes sociales todos los días para leer los comentarios (buenos y malos) y aún les respondo a las personas en forma directa. Hace poco, me encontré dedicando 20 minutos a enviarle a una persona mensajes directos por Instagram para ayudarla a elegir el tipo adecuado de invisibobble.

Sé que no estamos cambiando el mundo con invisibobble; sin embargo, la razón por la que se me ocurrió la idea en primer lugar fue porque quería hallar una forma de sujetar mi cabello sin que me provocara dolores de cabeza. Todos los días recibimos mensajes de mujeres que usan invisibobble y nos cuentan cómo, en efecto, "cambiamos sus vidas" porque ya no tienen jaquecas. Ver mensajes como estos es lo que realmente nos da un propósito. Como ya dije, no estamos cambiando el mundo, pero todos los días estamos mejorando un pequeño aspecto de las vidas de millones de personas. Y para mí eso es algo por lo que vale la pena vivir.

Y lejos de relajarme y dejar que el negocio fluya (aunque ahora puedo tomarme vacaciones sin controlar el teléfono a toda hora esperando el nuevo DDD), requiere más amor y dedicación que nunca mantener invisibobble como lo que la gente de marketing llama "rey de la categoría"; seguir expandiendo nuestra marca a nivel global. Paso cerca de un tercio del año viajando, algo que suena glamoroso, pero, principalmente, significa que tengo un intrincado conocimiento de los interiores de aeropuertos, los aviones repletos y las comidas raras de las aerolíneas.

Para darles una idea, estos son todos los lugares a los que volé en 2019:

04/01	Chicago - Londres
05/01	Londres - Madrid
06/01	Madrid - Múnich
12/02	Múnich - Nueva York
17/02	Nueva York - Montreal
19/02	Montreal - Mineápolis
19/02	Mineápolis - San Francisco
22/02	San Francisco - Múnich
04/03	Múnich - Londres
05/03	Londres - Múnich
01/04	Múnich - Tel Aviv
04/04	Tel Aviv - Múnich
25/04	Múnich - Madrid
28/04	Madrid - Múnich
10/05	Múnich - Copenhague
12/05	Copenhague - Múnich
17/05	Múnich - Lisboa
19/05	Lisboa - Múnich
07/06	Múnich - Berlín
09/06	Berlín - Múnich
11/06	Múnich - Los Ángeles
18/06	Los Ángeles - Boston
19/06	Boston - Múnich
21/06	Múnich - Copenhague
23/06	Copenhague - Múnich
12/07	Múnich - Budapest
14/07	Budapest - Múnich
19/07	Múnich - Barcelona
21/07	Barcelona - Múnich
24/07	Múnich - París
25/07	París - Múnich
01/08	Múnich - Londres
01/08	Londres - Múnich
04/09	Múnich - Mallorca
08/09	Mallorca - Múnich

09/09	Múnich - París
10/09	París - Múnich
17/09	Múnich - Londres
17/09	Londres - Múnich
27/09	Múnich - Los Ángeles
05/10	Los Ángeles - Múnich
14/10	Múnich - Ámsterdam
15/10	Bruselas - Múnich
15/10	Múnich - Johannesburgo
16/10	Johannesburgo - Ciudad del Cabo
17/10	Ciudad del Cabo - Johannesburgo
17/10	Johannesburgo - Múnich
04/11	Múnich - Londres
10/11	Londres - Múnich
14/11	Múnich - Manchester
16/11	Manchester - Múnich
19/11	Múnich - Frankfurt
19/11	Frankfurt - Shenzhen
23/11	Shenzhen - Pekín
23/11	Pekín - Múnich
29/11	Múnich - Madrid
01/12	Madrid - Berlín
01/12	Berlín - Múnich
09/12	Múnich - París
09/12	París - Múnich

Son 60 vuelos; y no creo que ese número vaya a disminuir en un futuro cercano.

Me encantaría que invisibobble se convirtiera simplemente en el nombre que las personas usan para referirse a cualquier *hair tie*, como sucede con Hoover o Google o Kleenex, porque las marcas que alcanzan ese estatus son realmente las pioneras en sus categorías. Pero esas marcas tienen la responsabilidad de mantenerse consistentemente a la altura de esa posición de número uno, y esa es la razón por la que viajo 60 veces por año, para recordarles constantemente a los equipos por qué estamos aquí y para hacer un foco incansable en la marca a largo plazo. Soy consciente de que a pesar de que existe mucho amor por la marca, probablemente haya un límite para la cantidad de *hair ties* que puede comprar una persona. Por eso, es nuestra tarea seguir trabajando para convertirnos en la marca de referencia de accesorios para el cabello, la más reconocida en el mundo.

¿Recuerdan aquel tipo de seguridad calvo de mediana edad en el aeropuerto de Múnich? ¿Ese que vio "esas cositas serpenteantes" en la máquina de rayos X y pensó que se veían muy extrañas? Para mí, ese fue uno de los momentos en los que supe que realmente lo estábamos logrando.

—¡Esas *hair ties* espiraladas que no dejan una marca en tu cabello ni te provocan jaquecas! ¿Las que vienen de a tres en un adorable cubo de plástico? —dijo.

Así es como siguió el resto de esa conversación en la que yo me quedé boquiabierta, con expresión de asombro y sin poder creer que un tipo cualquiera conociera nuestro producto:

—¡Mi esposa las AMA! Tiene muchísimas. Terminan debajo de la cama en nuestro dormitorio y de vez en cuando debemos recolectar una pila de ellas —dijo el tipo.

Wow.

—Oh, sí. Su color preferido es... este —dijo, tomando de mi maleta un pack de tres unidades de *hair ties* Candy Pink—. ¿Cómo las llamaban? —preguntó mientras volvía a cerrar mi maleta—. Algo así como invis-ah-zu... —intentó.

—Invisibobble —dije con firmeza.

—Sí, Eso es. Invisibobble. Así de simple.

Y me devolvió mi maleta.